# RECOMENDACIONES

*Sanidad Radical* es único entre los tantos libros que tengo en mis libreros sobre el tema de la sanidad. Ben nos enseña brillantemente que la plenitud debe comenzar en el interior del corazón, y después hay que dejar que abra camino hacia el exterior para llevar la sanidad y la plenitud a todos los ámbitos de la vida de una persona. Me encanta especialmente que cada capítulo termina con un resumen y una sugerencia sobre cómo poner en práctica lo que se ha leído. En este libro, Ben te enseñara de manera importante el camino hacia la sanidad: cómo desarraigar y eliminar lo que está mal en tu alma y cómo avanzar hacia la plenitud. Después nos enseña evidencia alentadora para revelar si has alcanzado la plenitud que necesitas. Este es un libro sobresaliente porque comienza donde debe de comenzar: en el nivel del corazón, que es de donde la sanidad debe partir si se quiere mantener a largo plazo. Además de respaldar este libro, quiero animarte a que lo leas de principio a fin. Como resultado, no sólo te beneficiaras de una manera increíble, sino que estarás más preparado para ayudar a otros que encuentres en la vida quienes necesitan sanidad y plenitud.

Rick Renner
Ministro, escritor y locutor
Moscú, Rusia

El total actual de tus experiencias ha moldeado en gran medida tu vida. Esto incluye los aspectos positivos y negativos, comenzando con el entorno en el que fuiste criado. Sin una comprensión reveladora de la Palabra de Dios, gran parte de lo que nos afecta se remonta a complejidades familiares, recuerdos sociales, y donde sentimos que encajamos en la cultura actual que cambia día con día.

Además, al pensar en el futuro, existe una ansiedad silenciosa que muchos parecen acumular. Más aún quienes se han visto afectados por problemas de salud, la pérdida de un ser querido, la vivencia de una traición o el remordimiento. Con certeza, necesitamos de una respuesta certera para hacer frente a todo el historial de la vida. Un contraataque agresivo a tanta deuda emocional y fatiga por crisis que muchos están cargando hasta el punto de estar al borde del colapso. Esta es la causa de una profunda tristeza y los problemas que se manifiestan entre tantos. Nunca pudieron encontrar alivio ni respuestas a su lucha interior.

Después de leer el libro de Ben Díaz, *Sanidad Radical*, me di cuenta de lo importante que es abordar estas cuestiones internas. Ben trata estos temas como un cirujano, identificando el problema, luego prescribiendo lo que hay que hacer y finalmente ofreciendo el equivalente a programar el procedimiento necesario. Este libro te ayudará a responder a tu lucha interior, ofreciéndote soluciones reales y esperanza!

Algo que hay que decir es que mi amigo el pastor Ben no está hablando desde un punto de vista teórico, sino que este hombre ha vivido los conceptos de lo que está ofreciendo en las siguientes páginas. Mi esposa Heather y yo observamos y oramos mientras él y su familia atravesaban tremendas adversidades que parecían llegarles repentinamente desde todas las direcciones. Para mi deleite, lo vi levantarse y aplicar lo que aquí leerás. El pastor Ben Díaz se ganó mi más profundo respeto como padre, esposo y hombre de impecable integridad. Cuando llegaron las batallas, Ben no se derrumbó. Más bien, se levantó para enfrentarlas, y como la presión en sus diversas formas tan a menudo lo hace- revela lo que hay dentro de una persona. Lo que se reveló en mi amigo fue la marca de un verdadero hombre de Dios que vive lo que predica. Es un honor para mí respaldar y recomendar este libro a todo el mundo y de todo corazón. Conozco al hombre que lo escribió, y tú te beneficiarás de su sabiduría y de los excelentes principios que ha expuesto, que esperan ser descubiertos por ti!

Excelente trabajo, Ben! Tu vida habla tan fuerte de lo que enseñas que tenía que leer este libro!

Joseph Z
Autor, Locutor, Voz Profética
JosephZ.Com

He sido testigo directo del poder transformador del ministerio del pastor Ben Díaz. Visitando su iglesia, vi cientos de vidas cambiadas para siempre a través de su mezcla única de enseñanza guiada por el Espíritu y la psicología bíblica. El enfoque innovador de Ben ha sido proyectado en este libro accesible, que cambiara vidas: *Sanidad Radical*. Prepárate para un milagro en tu vida cuando apliques los principios y perspectivas de estas páginas.

Lance Wallnau
Autor de God's Chaos Candidate,
God's Chaos Code y 7 Mountain
*Mandato* CEO de Lance Learning Group Fundador
de Lance Wallnau Ministries

En *Sanidad Radical*, tienes en tus manos un modelo de un parteaguas! En Mateo 11:19 (NLT), Jesús dice, "La sabiduría se demuestra que es correcta por sus resultados". He conocido al Pastor Ben por varios años y puedo testificar que él ha vivido bajo los principios delineados en este libro, evidenciados por la libertad, el fruto y el favor en su vida. Si estás ansioso por agarrarte de todas las promesas que Dios tiene para ti, éste es el libro que debes leer!

Billy Epperhart
Director General de Andrew Wommack
Ministries y Charis Bible College
Fundador de Wealth Builders International

*Sanidad radical: Ganando la batalla por tu mente, voluntad y emociones* es un libro lleno de esperanza que trae sanidad a aquellos que han experimentado decepción, pero también libera gracia para la victoria y la vida de todo corazón. Ben Díaz ha superado muchas cosas en su propia vida y ha ayudado a muchos a encontrar libertad y paz en tiempos difíciles. A lo largo de este libro, recibirás sabiduría, perspectiva y una impartición sobre cómo puedes sanar tu vida y aumentar tu influencia. Cada capítulo está lleno de testimonios reales de cómo la sanidad, la oración y las declaraciones nos preparan para el avance por el que estamos luchando. Este es un libro necesario para la actualidad.

Steve Backlund
Cofundador del Ministerio Igniting Hope
Red de Líderes Bethel Instructor de Liderazgo y BSSM

*Sanidad radical* es una lectura obligada para cualquiera que no camine en la plenitud de la vida abundante que Jesús nos prometió. Este libro bien escrito está cargado no sólo de grandes enseñanzas y profundas percepciones, sino también de muchos ejercicios prácticos y útiles para el día a día que puedes seguir de inmediato. Estoy convencido de que este libro va a traer un gran avance en tu vida, especialmente en las áreas en las que has estado aparentemente estancado.

He tenido el honor y el placer de conocer al pastor Ben, no sólo como colaborador y asociado ministerial, sino también como amigo cercano. Puedo recomendarlo a él, y a este libro -su primero, y espero que de muchos más- de todo corazón, sin duda alguna. Lo he visto dirigir su vibrante iglesia, su encantadora familia y a sí mismo con humildad, integridad y una sabiduría superior a sus años.

Insisto que devores este libro y dejes que el Señor sane tu corazón a través de sus principios.

Ashley Terradez
Presidente y fundador de
Terradez Ministries y Global Church Family

El mundo está sumido en el caos, azotado por los vientos de la ansiedad, la mentira y la vergüenza, y necesita voces que estén preparadas para guiar al pueblo de Dios junto a aguas tranquilas y verdes praderas para restaurar sus almas. Ben Díaz es una de esas voces, un regalo para el cuerpo de Cristo. Su libro *Sanidad Radical* es una guía para salir adelante y alcanzar la plenitud.

Tom Crandall
Supervisor de Evangelización de la
Iglesia Bethel Redding, California
Fundador, 1hope4America

Estás listo para liberarte de la frustración y la decepción? *Sanidad Radical* es un mapa de ruta hacia la libertad, la plenitud y el caminar en las promesas de Dios. El Pastor Díaz no vende otra fórmula espiritual o solución rápida. En cambio, revela un proceso bíblico que sana los lugares rotos del corazón y renueva la mente para alinearse plenamente con Cristo. Si estás cansado de dar vueltas en círculos y anhelas un avance real y duradero, este libro es la respuesta. Es hora de entrar en la plenitud que Dios diseñó para ti.

Alan DiDio
Pastor de The Encounter Charlotte y presentador
de *Encounter Today*

He tenido el privilegio de ministrar en la Iglesia Vida y llegar a conocer a Ben y su hermosa esposa e hijos. Ben es un tremendo ejemplo de alguien que tiene pasión por las cosas de Dios y por su llamado como pastor. *Sanidad Radical* es un libro ungido que se sumerge profundamente en la verdadera naturaleza del corazón y la provisión de Dios para la sanidad en todos los niveles de la vida. Recomiendo encarecidamente esta enseñanza reveladora y sé que los bendecirá.

Barry Bennett
Profesor del Instituto Bíblico Charis
Woodland Park, Colorado

El Pastor Ben y Kara Díaz son pastores increíbles con un gran corazón por la gente y por verlos caminar en la revelación de la Palabra de Dios que trae victoria. En su nuevo libro, *Sanidad Radical*, el pastor Ben nos muestra el camino victorioso hacia una vida cristiana a través de la identificación de la fuente de nuestros problemas y nuestra "victoria": "la condición de nuestro corazón". Este nuevo libro te ayudará a tomar las riendas de tu vida y comenzar a caminar en las promesas de Dios a niveles totalmente nuevos.

Pastor Lawson Perdue
Charis Christian
Center Colorado Springs, Colorado

No podríamos estar más emocionados de apoyar el libro de nuestro querido amigo Ben, *Sanidad Radical*. Hemos tenido la alegría de conocer a Ben y a Kara durante más de 15 años y en ese tiempo, les hemos visto vivir una fe extraordinaria, una fe que traspasa los límites habituales y produce un cambio profundo y duradero. Este libro es una poderosa extensión de lo que ellos son: se trata de encontrar la libertad de los ciclos tóxicos, entrar en las promesas de Dios, y alinearse con su corazón para la plenitud. Ben no sólo habla de fe; la vive de una manera contagiosa, llevando esperanza y transformación a todos los que le rodean. Le hemos visto enfrentarse a los retos de la vida con una gracia increíble y hemos visto el innegable impacto del amor de Dios en su vida y en su familia. Si tu estas buscando experimentar la sanidad real y caminar en la plenitud de lo que Dios tiene para ti, este libro será un verdadero regalo. Te lo recomendamos encarecidamente.

Bob y Audrey Meisner
Autores, Podcasters
de *Matrimonio a cubierto*, Todo sobre las relaciones
bobandaudrey.com

Quiero recomendarte este libro, *Sanidad Radical*, escrito por mi buen amigo, el pastor Ben Díaz. Esta es una lectura obligada para cualquiera que esté luchando con síntomas físicos crónicos o patrones de comportamiento negativos y no ha experimentado la libertad que Jesús pagó en la cruz. En este libro, Ben comparte desde su revelación y experiencia personal, el proceso de identificar las raíces del corazón que son la causa de muchos problemas con los que tantos en la iglesia están lidiando. Me encantan los resúmenes de los capítulos y los pasos prácticos de activación que ofrece al final de cada capítulo. Ben es un gran hombre de integridad, hombre de palabra, esposo, padre, pastor y maestro. Estoy seguro que al leer este libro estarás preparado para caminar en mayor libertad y ayudar a otros con sus problemas del corazón a través de estos principios.

Greg Mohr
Fundador de Greg Mohr Ministries
Directora de la Escuela Ministerial e Instructora en
el Instituto Bíblico Charis

*Sanidad radical* no es sólo un libro, es una herramienta divina para la transformación. El Pastor Ben Díaz escribe con penetrante claridad sobre la importancia de abordar el dolor en nuestros corazones y permitir que el Espíritu Santo traiga sanidad. Este libro es una guía para todos los creyentes que anhelan vivir desde un lugar de plenitud en lugar de manejar los síntomas o evitar el dolor.

Como alguien que ha experimentado los efectos del dolor no resuelto, puedo dar testimonio de la verdad de este mensaje. En 2020 perdí a dos familiares por sobredosis. En lugar de lamentarme, me dediqué al ministerio y a la conexión con los demás. Pero en 2021, un mentor me confrontó amorosamente, señalando cómo mi evasión del dolor estaba afectando mi corazón y mi capacidad para liderar. No fue hasta que me rendí al proceso de sanidad de Dios que experimenté la libertad. Este libro nos recuerda que la transformación comienza en el corazón, no ignorando el dolor, sino dejando que el Espíritu Santo lo aborde de raíz.

La poderosa analogía de Ben de que el dolor es como una "luz de control del motor" resuena profundamente. Ignorarlo sólo conduce a problemas mayores, igual que el moho de una fuga no protegida se extiende y causa destrucción. El llamamiento a dejar de cortar la mala hierba y abordar la raíz del problema es una llamada de atención para todos los creyentes. El pastor Ben equipa a los lectores con herramientas prácticas como preguntas reflexivas, perspectivas bíblicas y pasos guiados por el Espíritu para abordar las heridas del alma.

*Sanidad radical* es una lectura obligada para cualquiera que desee ser sanado y vivir en la vida abundante que Jesús ofrece. Si tú eres un líder, un ministro, o simplemente un creyente en busca de sanidad, este libro te guiará a un lugar de profunda restauración y libertad. Deja que este libro sea el compañero que te lleve al corazón de Dios para tu vida. Lo recomiendo de todo corazón a todo el mundo.

Chris Overstreet
Evangelista y Fundador de Compassion to Action

Poderoso y transparente a la vez. Ben lleva a los lectores a un viaje transformador a través de experiencias personales, reflexiones bíblicas y poderosas revelaciones sobre la fe. Después de ser testigo de la obra milagrosa de Dios en la sanidad y la restauración, un accidente de moto que le cambia la vida pone en tela de juicio sus antiguas creencias sobre la fe y la sanidad. Este momento crucial desencadena una búsqueda de una comprensión más profunda, que le lleva a descubrir una pieza esencial que falta en las enseñanzas tradicionales. El libro proporciona a los lectores herramientas prácticas -oración, meditación y declaración- para desarraigar las creencias negativas y abrazar la plenitud de las promesas de Dios. La franqueza narrativa del autor, combinada con la sabiduría bíblica, invita a los lectores a comprometerse sinceramente con su fe, a afrontar los traumas del pasado y cultivar un corazón alineado con la verdad de Dios.

Anhelas avanzar, sanar y comprender mejor las promesas de Dios. Entonces este libro es lectura obligatoria. Te inspirará a abrir tu corazón y embarcarte en tu propio viaje hacia la plenitud y la fe renovada.

Carlie Terradez
Cofundadora de Terradez Ministries

Como criaturas tripartitas, es importante que, como hijos de Dios, comprendamos cómo funciona cada parte de nuestra constitución. Es imperativo que entendamos que somos un espíritu que tiene un alma y vive en un cuerpo. Necesitamos entender que Dios, en Su Palabra, trata con nuestro espíritu, y cuando tomamos lo que Su Palabra está hablando a nuestro espíritu y actuamos conforme ello, afecta positivamente nuestra carne. También nos hace tener una mentalidad espiritual, lo cual influye en nuestras almas de la manera correcta.

En mi humilde opinión, el pastor Ben Díaz aborda adecuadamente la parte de nosotros que se encuentra en medio de una batalla entre nuestro espíritu nacido de nuevo y nuestra carne no regenerada: nuestra alma. Las heridas internas, las cicatrices del corazón, la culpa y la vergüenza que intentan ocupar permanentemente la residencia en nuestra vida se encuentran en el alma. Este es un libro excelente que ayuda al creyente a mantener su mente renovada según la Palabra. Recomiendo profundamente este libro por su fácil lectura y su aplicación práctica, que sin duda producirá un cambio en nuestras vidas y sanará nuestras almas.

Dr. Fred Price Jr.
Pastor Principal del Centro Cristiano Crenshaw

# SANIDAD *Radical*

PRÓLOGO POR TROY BREWER

GANANDO LA BATALLA POR
TU MENTE, VOLUNTAD
Y EMOCIONES

BEN DÍAZ

El énfasis en las citas de las Escrituras es del autor.

Publicado por Harrison House Publishers
Shippensburg, PA 17257

ISBN 13 TP: 978-1-667-51343-0
ISBN 13 eBook: 978-1-667-51344-7

Para distribución mundial, impreso en EE.UU.
1 2 3 4 5 6 7 8 / 29 28 27 26 25

*Dedico este libro a mi papa, Benjamín Díaz Valasis,*
*el mejor padre del mundo. Te fuiste al cielo demasiado pronto.*
*Gracias por hacer de tu techo mi suelo.*
*Realmente me preparaste para el éxito papá. Te amo.*

# AGRADECIMIENTOS

A mi Señor y Rey Jesús, a mi Padre Perfecto en el cielo, y al precioso Espíritu Santo, gracias. Todo lo bueno en mi vida viene de Ti. Tú eres mi todo, y mi vida es para siempre tuya y para tus propósitos. Gracias por confiar en mí con influencia, recursos y revelación para hacerte famoso y traer el cielo a la tierra.

Gracias a mi esposa, Kara: me haces mejor en todos los sentidos, y has hecho que este libro sea mejor en muchas maneras. Gracias por creer en mí y ayudarme a terminar este libro.

Gracias, Hannah Grieser, por tu don de escritora y tus habilidades que han hecho posible este libro.

Gracias, Makenzie Skinner, por tu increíble don para la edición y por dedicar tu valioso tiempo a este proyecto.

Gracias, Kyle Loffelmacher, por creer en mí y en el mensaje que Dios me dio en este libro.

# CONTENIDO

# PRÓLOGO

En el viaje de la vida, hay momentos cruciales que redefinen nuestro camino, esculpiéndonos en vasijas capaces de desintegrar las tormentas más feroces, y es en esos momentos cuando descubrimos nuestra verdadera identidad, no sólo como creaciones, sino como co-creadores con Cristo en la obra maestra que es nuestra vida.

Cuando Ben se acercó a mí con la idea para un libro sobre la sanidad del corazón, Dios movió mi espíritu y de buena gana sembré en este libro porque la gente de fe necesita escuchar este mensaje asombroso que él tiene para nosotros. *Sanidad Radical: Ganando la Batalla por tu Mente, Voluntad y Emociones* de Ben Díaz es un testamento de esta divina asociación, una guía que nos llama a las profundidades de nuestros corazones, incitándolos a confrontar y sanar las heridas que obstaculizan nuestro caminar con Dios. Al leer los capítulos del trabajo de Ben, me sorprendió su sencillez y su llamada tan radical a las armas contra las fuerzas invisibles que luchan por nuestros corazones. Este libro no es un mero manual de superación personal; es una invitación divina a comprometerse con el trabajo que el corazón necesita para una auténtica transformación. Me encanta el ejemplo de la Torre Inclinada de Pisa, ofrece una gran imagen de los cimientos de un corazón vulnerable. Ben Díaz señala que como los cimientos eran de arcilla, la torre no tenía ninguna posibilidad de resistir más presión y peso. En el libro hay una frase que es realmente una revelación divina. La frase, "si no sanamos nuestros corazones el enemigo continuará atacándonos en nuestras áreas más vulnerables" es una afirmación tan cierta y se refleja en la historia de la Torre Inclinada de Pisa, que era vulnerable en sus cimientos.

A través del lente de la sabiduría bíblica y la revelación personal, Díaz navega por los terrenos complejos de la sanidad, la oración y el poder de la Palabra, equipando a los creyentes para reclamar su identidad y propósito en Cristo. En el centro de este viaje transformador está la comprensión de que nuestros corazones son el campo de batalla en el que se forja nuestro destino. Como advierte Proverbios 4:23 (NVI): "Por encima de todo, guarda tu corazón, porque todo lo que haces fluye de él». Díaz desentraña esta con maestría, desafiando a los lectores a profundizar en el corazón de sus luchas, confrontando las mentiras, los temores y las fortalezas que los han mantenido en esclavitud.

En un mundo cada vez más marcado por la superficialidad y la evasión, está llamada a la autenticidad y a la sanidad profunda es a la vez contracultural y desesperadamente necesaria. La oración, la meditación y la declaración se presentan no como rituales religiosos, sino como prácticas dinámicas y vivificantes que propician encuentros íntimos con el Dios vivo. Estas disciplinas espirituales se convierten en las herramientas a través de las cuales excavamos las profundidades de nuestros corazones, arrancando las malas hierbas del pasado y plantando las semillas de la verdad de Dios. Las anécdotas personales de Díaz y sus reflexiones bíblicas iluminan el camino hacia la sanidad, recordándonos que, aunque el viaje puede estar plagado de desafíos, también está repleto de la promesa de la fiel presencia de Dios y de su poder transformador. Como compañero de viaje en este recorrido de fe, me conmueven profundamente la vulnerabilidad y la sabiduría que encierran estas páginas.

*Sanidad radical* resuena con el latido del Evangelio: un mensaje de redención, restauración y amor implacable. Ben Díaz nos invita a embarcarnos en una peregrinación del corazón, que promete llevarnos a la plenitud de vida que Cristo ha ordenado para nosotros. Este libro es un faro de esperanza para los que se encuentran cansados de las batallas, para los que tienen el corazón roto y para cualquiera que anhele una relación más profunda y auténtica con Dios. Es un recordatorio de que la sanidad no sólo es posible, sino que forma parte de nuestra herencia como hijos de Dios. A medida que te comprometas con las verdades presentadas en este libro, experimentaras la profunda paz, alegría y libertad que provienen de ser sanado de todo corazón por el Gran Médico. El viaje de la sanidad no es una empresa solitaria, sino un viaje comunitario, un testimonio del poder de las historias compartidas y de la fe colectiva. Al adentrarte en las páginas de *Sanidad Radical*, debes saber que no estás solo. Juntos, abracemos el trabajo del corazón, caminando con valentía en la promesa de Jeremías 30:17 (NVI): "'Pero yo te devolveré la salud y sanaré tus heridas', declara el Señor".

En Cristo, Troy Brewer
Pastor principal de Open Door Church en Burleson,
Texas Autor de 31 Battle Cry Declarations,
Redeeming Your Timeline, Numbers That Preach,
Good Overcomes Evil, Looking Up, y Soul Invasion
TroyBrewer.com ODX.tv

INTRODUCCIÓN

# CUANDO SABES QUE HACER PERO NO ESTA FUNCIONANDO

Crecí en un maravilloso hogar bautista en la Ciudad de México, pero mi primer encuentro con el Espíritu Santo fue a los 13 años. Desde ese momento, Dios me llevó en un viaje de experimentar lo sobrenatural y ver milagros a una temprana edad. A los 17 años, impuse las manos sobre ciegos, sordos y personas con todo tipo de enfermedades, y vi a Dios sanarlos instantáneamente. A los 18, me uní a un equipo misionero y organicé cruzadas de milagros por todo México y América Central. Vi el innegable poder de Dios obrando milagrosamente en forma de sanidades, provisión, restauración, citas divinas, favor, protección y mucho más. Aprendí que la fe funciona, que las promesas de Dios son verdaderas, y el poder de Dios es para nosotros hoy.

Bueno, funciona, hasta que no funciona...

En Abril de 2021, me quebré. Nunca había necesitado un milagro en sí, pero he vivido de las promesas de Dios desde que tenía 13 años. Hay una diferencia entre necesitar un milagro de emergencia y vivir por fe en la Palabra de Dios, viéndola manifestada en tu vida día tras día. Yo sólo había hecho lo segundo hasta ese día.

Aquella mañana un sábado de abril, tuve una experiencia cercana a la muerte. Tuve un accidente de moto cross en pleno desierto. Recostado en el hospital aquella noche, después de darme cuenta de que no iba a salir de allí sin un yeso y de que posiblemente era el comienzo de un camino largo de recuperación, recuerdo que pensé: "*Qué salió mal? Declaré el nombre de Jesús. Oré en lenguas. Realmente esperaba salir caminando ese día. Entonces, por qué no funcionó?*

La Biblia nos dice que la esperanza pospuesta enferma el corazón (Proverbios 13:12). Tal vez este sea tu caso. Tal vez has creído, confesado, orado y sembrado, pero tu corazón se siente enfermo porque ves a la gente a tu lado recibiendo las promesas de Dios manifestadas en sus vidas, pero no en la tuya. Tal vez hasta has visto a personas que han sido salvas y en solo unos minutos reciben respuestas sobrenaturales a oraciones que tú mismo has estado orando por décadas.

En este libro, compartiré contigo una gran verdad que me estaba faltando y no es *más fe!* Me di cuenta de que lo que me faltaba nunca había sido enseñado en ninguna de las iglesias a las que había asistido. Esta pieza faltante ha transformado mi vida, mi familia y mi iglesia. Voy a compartir contigo mi jornada, mis experiencias, las victorias y avances que vinieron a través de esta revelación que el Espíritu Santo me dio durante una de las temporadas más difíciles de mi vida. Creo firmemente que esta revelación puede cambiar tu vida para siempre como lo hizo con la mía, y abrirá muchas promesas en las que has estado frenado por mucho tiempo.

Te lo has preguntado alguna vez?

- En verdad Dios es bueno?
- Por qué me sigue pasando esto?
- Habrá algo mal conmigo?
- Son realmente las promesas de Dios y su poder para todos?
- Será que el problema es que no tengo suficiente fe, o que no oro lo suficiente, no leo la Biblia lo suficiente, no sirvo lo suficiente o no doy suficientes ofrendas?
- Son Sus promesas sólo para unos cuantos ministros especiales?
- Le importara a Dios esta parte de mi vida?

Bueno, déjame decirte que la verdad que el Espíritu Santo me reveló te liberará a un nivel completamente nuevo, y encenderá tu fe en lugares donde la desilusión ha apagado tu deseo de creer en las ricas promesas de Dios por demasiado tiempo.

Y la mejor parte? Es más sencillo de lo que imaginas.

Tu ya tienes lo necesario para tu victoria. No necesitarás asistir a otra conferencia o que alguien especial ore por ti.

Ni tampoco necesitas comprar nada. Todo lo que necesitas es abrir tu corazón para recibir la misma revelación y entendimiento que Dios me dio a través de Su Palabra en este viaje que cambió mi vida.

## CAPÍTULO 1

# TODO SE REDUCE A UNA COSA

Tengo el mejor trabajo del mundo! Cuido de la gente desde que nace hasta que muere.

Así es. He sido pastor desde el 2008. Durante ese tiempo, he visto muchos altibajos en las personas de mi congregación, pero no hay nada más triste que ver a personas que aman a Dios y asisten a la iglesia semana tras semana cayendo en los mismos problemas vez tras vez. He sido testigo de personas con buenas intenciones, que se esfuerzan tanto por no caer en los mismos patrones destructivos una y otra vez - para no volver a meterse en un lío financiero, para que sus matrimonios mejoren, o para que sus hogares permanezcan en paz. A veces el cambio parece durar un poco y acaban de nuevo en la misma zanja.

También he visto a muchas personas romper esos ciclos destructivos y no volver a caer en ellos. Muchas de ellas siguen hoy en nuestra iglesia, y me recuerdan que el camino de Dios hacia la libertad si funciona, que la *transformación del corazón* siempre triunfará por encima de la *modificación del comportamiento*.

Le digo a la gente todo el tiempo que la modificación del comportamiento ocurre cuando lo único que tienes es "religión" (un montón de cosas que hacer y no hacer) pero no tienes relación con el Espíritu Santo. Es como usar maquillaje: sólo dura un día y luego hay que volver a aplicarlo. Por supuesto, sólo sé esto por observar a mi esposa, pero ni siquiera un payaso podría mantener su maquillaje permanentemente. Empezaría a derretirse, distorsionarse y se vería espeluznante. Y así es como se ven las personas religiosas: falsas, como que algo no cuadra. El exterior está empezando a contar una historia diferente acerca del interior.

Por otro lado, la transformación del corazón es permanente y, una vez que se logra, esta ajusta el comportamiento casi sin esfuerzo para alinearse al interior. La religión te forza a ajustar tu exterior a un libro de reglas con el que no tienes ninguna relación.

Aquí es donde muchos cristianos se encuentran: atrapados en los mismos ciclos destructivos, mentalidades negativas y adicciones dañinas. Conocemos tantas promesas de Dios, pero parece que no podemos hacer que se manifiesten. Y si este es tu caso, es probable que no se deba a la falta de intentos. De hecho, es posible que hayas intentado orar. Hayas intentado leer la Biblia. Hayas tratado los servicios de la iglesia, los retiros, y hayas tomado cursos cristianos. Sin embargo, nada parece funcionarte y aún te sientes vencido. Puedo escuchar tu llanto porque una vez fue mi llanto. Anhelaba experimentar las promesas que leía en la Biblia y ver fruto en áreas que habían sido estériles durante demasiado tiempo. Muchas veces batallé para regocijarme en los testimonios de otros porque me preguntaba, *Pero qué hay de mí?*

Bueno, Dios respondió a mis llantos y me dio una reveladora y sencilla estrategia para sanar y experimentar grandes victorias en todas esas áreas de frustración en nuestras vidas. De eso trata este libro, y tengo buenas noticias: Es más fácil de lo que crees!

Todo se reduce a una cosa: el corazón. El corazón es el centro de control de nuestras vidas. Así que, al embarcarnos en este viaje de sanidad, aprenderemos a colaborar con el Espíritu Santo para sanar los lugares quebrados en nuestros corazones que están afectando nuestras vidas.

Antes de que pienses que esto es demasiado simple o que no necesitas estas "cosas del corazón" porque eres una nueva creación, déjame proponerte que esta podría ser la razón misma por la que no estás experimentando vida y vida más abundante en cada aspecto de tu vida. Jesús dijo en Juan 10:10 (NVI), "Yo he venido para que tengan vida y vida en abundancia". Entonces, si somos nuevas creaciones, por qué no lo estamos experimentando? Es porque todavía necesitamos ser transformados mediante la renovación de nuestras mentes. Esto tiene que ver con nuestros sistemas de creencias, las creencias de nuestro corazón de las cuales ni siquiera estamos conscientes. Esas son las que te afectan más que aquellas de las que estas consciente.

En Cantar de los Cantares 2:15 habla de las pequeñas zorras que se meten bajo tierra, donde no se les ve, y estropean las viñas, comiéndose las raíces de la cosecha y destruyéndola. Lo mismo ocurre con las creencias de nuestro corazón.

Déjame enseñarte.

Proverbios 4:23 dice: "Guarda tu corazón sobre todas las cosas, porque éste determina el curso de tu vida". La Nueva Versión Reina Valera lo expresa así: "Guarda tu corazón con toda diligencia, porque de él mana la vida".

Las creencias de tu corazón determinarán la trayectoria de tu vida y todos los problemas que encuentres en el camino. El estado de tus relaciones, finanzas, familia, salud, carrera y bienestar emocional fluyen desde tu corazón. Todas las cuestiones de la vida fluyen desde el corazón, ya sean buenas o malas. No estamos hablando del conocimiento intelectual, que es la razón por la qué podemos saber la Palabra de Dios, saber las respuestas correctas, saber los métodos correctos, y aun así producir algo completamente diferente. Puedes compartir lo que sabes, pero reproducirás lo que realmente crees. En las primeras palabras de su libro *Renovación del corazón,* el renombrado teólogo Dallas Willard escribe: "Vivimos desde nuestros corazones. La parte de nosotros que impulsa y organiza nuestra vida no es la física". A nivel científico, esto no podría ser más cierto. El corazón impulsa y organiza todos los sistemas del cuerpo bombeando sangre vital a cada una de nuestras células. Si una toxina dañina penetra en el corazón o éste experimenta una presión excesiva, todo el resto del organismo se ve afectado. Sin embargo, el corazón es mucho más que un musculo rojo, palpitante, del tamaño de un puño en nuestro cuerpo. Representa lo que deseamos, lo que amamos y las decisiones que tomamos.

Cuando se escribió el Antiguo Testamento, los humanos no tenían un concepto del cerebro y ni siquiera le habían designado una palabra. En cambio, pensaban que el corazón era la fuente de toda actividad intelectual. Así que, la palabra hebrea para *corazón* (*lēḇ*) se utilizaba de diversas maneras. En la Biblia, *lēḇ* describe el hombre interior, la mente, la voluntad, el corazón, el entendimiento, la fuente de los apetitos, las emociones, las pasiones y la valentía, por nombrar algunos (Strong's H3820). En otras palabras, el corazón es la fuente de todo. Sabías que alrededor del 80 por ciento del sistema de creencias de un niño ha sido programado en su corazón para la edad de ocho años? Las experiencias de la vida están constantemente escribiendo cosas en nuestro corazón. Siempre estamos aprendiendo y renovando nuestras mentes hacia algo. Los niños crean la mayoría de sus creencias en sus casas. Los padres y las experiencias solidifican esas lecciones. Se convierten en parte de nuestro subconsciente y nos dictan qué expectativas tener, cómo y por qué esperar las cosas, y a medida que las experiencias se repiten en nuestras vidas, estas se convierten en creencias más fuertes, ya sean buenas o malas.

## Jesús vino por los corazones quebrantados

En Lucas 4:18 (RVA), Jesús dice: "El Espíritu del Señor está sobre mí, porque me ha ungido para anunciar el Evangelio a los pobres; me ha enviado a sanar a los quebrantados de corazón, a proclamar libertad a los cautivos y dar vista a los ciegos, a poner en libertad a los oprimidos".

Todo ser humano sufre de un corazón roto en algún momento de su vida. El dolor y la decepción son parte inevitable de la experiencia humana. Jesús advirtió: "Aquí en la tierra tendrán muchas pruebas y dolores. Pero tengan ánimo, porque yo he vencido al mundo" (Juan 16:33). La manera en que te tomes estas, determinan su efecto en ti. El significado que le asignes a las experiencias determinará la historia que escribes en tu corazón. Permíteme darte un ejemplo de algo que me sucedió a mí.

Cuando me casé, mi esposa Kara me recibía en la puerta con un abrazo y un beso cuando llegaba a casa del trabajo. Me encantaba. Llenaba mi tanque de amor y me hacía sentir como un millón de dólares. Al cabo de unos años, me di cuenta de que había dejado de recibirme en la puerta. Inconscientemente empecé a darle un significado, y ese significado no era bueno. Estaba escribiendo una historia en mi mente, meditándola diariamente y juntando evidencia que respaldaba esta historia. El hecho de que no viniera a la puerta a recibirme como antes, me demostraba que ya no estaba enamorada de mí y que ya no le atraía. Me hizo sentir no amado y rechazado. Como ves, el dolor no siempre es verdad, pero es real. La verdad, sin embargo, era muy diferente a los significados y las historias que yo había elegido creer. Estos significados me estaban causando dolor y también estaban afectando a mi matrimonio debido a los sentimientos de rechazo que yo mismo me cause. La verdad era que habíamos empezado a tener hijos. Tuvimos un bebé tras otro, cinco de ellos durante ocho años. Mi maravillosa esposa, que me amaba apasionadamente incluso más que el día en que nos casamos, estaba un poco ocupada durante esos momentos en los que yo llegaba a casa del trabajo. Estaba cocinando, dando de comer a los niños, haciendo que hicieran sus deberes, limpiando el desorden y, a veces, preparándose para dar consejería a alguien esa misma noche. El hecho de que no viniera a la puerta a recibirme con un abrazo y un beso después de un día de trabajo relativamente tranquilo no tenía nada que ver con su amor por mí.

El significado que le damos a nuestras experiencias puede dar lugar al temor, las mentiras y las creencias toxicas. Dependiendo de cómo afrontemos o adormezcamos el dolor, a menudo terminamos creando ciclos de adicción. Por lo tanto, la manera en la que reaccionamos, procesamos, sanamos el dolor y la desilusión, es vital. Proverbios 13:12 nos da pistas sobre los efectos negativos que la desilusión puede tener en nuestro corazón. Dice: “La esperanza aplazada enferma el corazón, pero un sueño cumplido es un árbol de vida”.

La gente sufre, y Jesús vino a sanar a los quebrantados de corazón. Los cristianos, incluso los que caminan cerca de Dios, no están exentos de esta condición. Sin embargo, lo que hagas entre la esperanza aplazada y el sueño cumplido es de critica importancia. El remedio para los corazones heridos es invitar la sanidad de Dios a los lugares de quebranto y confiar en Él hasta que restaure tu dolor en un árbol de vida. Es muy importante que te quedes conmigo a lo largo de este libro porque voy a enseñarte una poderosa herramienta que te guiará a sanar tu corazón con Dios de una manera muy práctica. Pero solo funcionara si recibes el entendimiento. Mucha gente solo quiere la receta, la formula, o la oración mágica de la persona correcta; pero sin el entendimiento que estamos estableciendo aquí, te quedaras con una práctica religiosa y sin transformación real.

Como pastor veo que la gente ignora su dolor y sigue con su vida como si nada hubiera pasado. El dolor es como la luz del motor en el tablero de nuestros coches. La luz del motor indica que necesitamos arreglar algo. El dolor nos alerta de que algo está pasando en nuestro corazón y nos está haciendo daño. Pero en lugar de frenar, muchos de nosotros ignoramos las señales de advertencia que el dolor nos da y los ciclos tóxicos que se repiten y continuamos viviendo como de costumbre. Las personas en ministerio que están sufriendo siguen construyendo sus ministerios, discipulando a otros y proveyendo a sus familias- todas esas cosas buenas.

Pero al final del día, en medio del silencio, todavía se sienten quebrantados por dentro. Se preguntan por qué la Palabra de Dios no está obrando en sus vidas como lo hace con otros creyentes. Consecuentemente, los problemas de confianza en Dios y Su Palabra empiezan a burbujear bajo la superficie.

No hay nada más frustrante que conocer la verdad-La Palabra de Dios-pero no verla manifestada en tu vida. Es un problema del corazón, no un problema de "necesito más fe".

## Un corazón dividido

Cada situación en tu vida está fluyendo de las creencias de tu corazón. Podemos tener a la vez conocimiento y creencias del corazón que se contradicen sin siquiera darnos cuenta. Nuestros corazones pueden estar divididos, y como dijo Jesús, "Toda ciudad o casa dividida contra sí misma no permanecerá" (Mateo 12:25 RV). Dallas Willard comparó el corazón humano con el CEO de una gran compañía. El hecho de que un CEO tome una decisión no siempre significa que será ejecutada, ni que todos en la compañía estarán de acuerdo. Nuestro corazón también puede ser confuso porque está más conectado con las creencias subconscientes de las que no estamos alerta. Cuando nuestro corazón tiene una creencia contraria a la de nuestra mente lo llamamos disonancia cognitiva. Es como tener una guerra civil interna, una doble personalidad, una división interna, o como dijo Pablo en Romanos 7:15 (NVI), "No entiendo lo que hago. Porque lo que quiero hacer no lo hago, pero lo que aborrezco lo hago". (Ampliaremos este concepto en un capítulo más adelante).

Me encanta hacer rompecabezas, coger un montón de piezas dispersas y ponerlas para crear una bella imagen. Las primeras etapas de un rompecabezas son siempre confusas. Las piezas están desparramadas en un caos sobre la mesa, y apenas se ve el producto final. Sin embargo, gracias a la cubierta de la caja, uno sabe qué imagen final se pretende obtener. Si eres como yo, esta desconexión puede ser frustrante. Sé cómo se debería ver la imagen, pero no consigo lograrla. Así es precisamente como nos sentimos muchos de nosotros cuando leemos la Biblia pero no vemos que las promesas de Dios se cumplan. Como cristianos, podemos tener muchas de las respuestas a los problemas que enfrentamos, pero no siempre sabemos cómo y dónde encajar estas piezas que ya tenemos. Nos imaginamos una bonita imagen de cómo podría ser nuestra vida, pero en realidad, estamos lidiando con un montón de piezas dispersas.

Aplicando la Palabra de Dios a nuestras vidas es como unimos las piezas del rompecabezas. No basta con conocerla. En otras palabras, la aplicación en la situación correcta es la pieza que falta. La Palabra de Dios no nos transformará a menos que hagamos lo que dice. Es como dice Santiago 1:22-25:

> *Pero no te limites a escuchar la palabra de Dios. Debéis hacer lo que dice. De lo contrario, os estaréis engañando a vosotros mismos. Porque si escuchan la palabra y no la obedecen, es como si se miraran la cara en un espejo. Os veis a vosotros mismos, alejáis y olvidáis vuestro aspecto. Pero si miráis atentamente la ley perfecta que os hace, y si hacéis lo que dice y no olvidáis lo que habéis oído, entonces Dios os bendecirá por haberlo hecho.*

Escuchar la Palabra de Dios sin hacer lo que dice es inútil. Por lo tanto, si leemos la Palabra de Dios, pero no la aplicamos a las áreas donde necesitamos sanidad, no tendremos mucho progreso. Nos quedaremos con un montón de piezas del rompecabezas, pero con poco entendimiento de dónde o cómo encajan en el panorama amplio de nuestras vidas. Esta es la cuestión: como creyentes, me atrevería a decir que conocemos las respuestas correctas a muchos de nuestros problemas. Y si no las conocemos, podemos encontrar rápidamente versículos bíblicos que hablen de nuestras situaciones. Sin embargo, la sanidad no vendrá a ti a través de información o incluso revelación. Viene a través de la aplicación de esa revelación.

Recibimos revelación cuando leemos y escuchamos la Palabra de Dios, cuando vamos a la iglesia, asistimos a estudios bíblicos y hablamos con amigos acerca de la Biblia. Es una gran sensación cuando recibimos respuestas a problemas a los que nos hemos enfrentado antes o nos enfrentaremos después. A menudo nos referimos a esto como alimento espiritual. Cuando escuchamos una enseñanza y "comemos una comida espiritual" pensamos que nos hace crecer. Sin embargo, recibir revelación es sólo la primera parte de alimentarse espiritualmente. En Juan 4:34 (RVA), Jesús dijo: "Mi comida es que haga la voluntad del que me envió, y que acabe su obra". Crecemos espiritualmente cuando ponemos en acción la rev-elación que recibimos. Como siempre le digo a mi congregación, " Una revelación sin aplicación es una comida espiritual desperdiciada". Sólo obtienes la nutrición de esa palabra cuando la pones en acción. Si no la usas, la pierdes!

En su libro *Enciende tu cerebro*, la Dra. Caroline Leaf ofrece la explicación científica de este fenómeno. Un proceso llamado síntesis de proteínas que nos ayuda a almacenar nuevas ideas en el cerebro. Cuando aprendemos algo nuevo, estas proteínas sólo duran de 24 a 48 horas, a menos que apliquemos y experimentemos los conocimientos. La Dr. Leaf escribe: "Nuestra composición genética fluctúa minuto a minuto basada en lo que pensamos y escogemos". Si no activas la revelación a los dos días de aprenderla, la pierdes!

Pienso que la mayoría de los creyentes tienen en la cabeza muchas revelaciones caducadas que nunca se aplicaron. Por eso podemos sentirnos apasionados y entusiasmados cuando aprendemos algo nuevo.

Sin embargo, cuando miramos nuestros cuadernos y revisamos la misma información unas semanas después, se siente débil y como si el momento se hubiera ido. Nos preguntamos si algo fue real o si simplemente nos dejamos llevar por la emoción del momento. Hay muchas buenas respuestas en el cuerpo de Cristo, pero muy poca autoridad. Por qué? Porque la gente no ha activado esas respuestas, no tienen autoridad real para hablar sobre el asunto. Por lo tanto, tienen un montón de grandes pero inútiles piezas de rompecabezas porque no las están acomodando donde pertenecen. No están viviendo en el cuadro completo que Dios quiere para sus vidas. El propósito de la revelación no es hacerte sentir bien o sonar inteligente, es ser aplicada. La comida es para comerla, pero también debe tener un valor nutritivo para nuestro crecimiento y salud. La revelación es para ser aplicada, y a su vez produce un testimonio. Muchas personas mastican alimento espiritual, pero nunca obtienen el valor nutricional que produce crecimiento porque nunca aplican ese trozo donde y cuando es necesario. Esto explica por qué tantos cristianos que "conocían" el Salmo 91, lo citaban y lo tenían colgado en un gran marco en sus casas pues estaban aterrorizados, encerrados y temiendo la muerte durante la pandemia. El Salmo 91 era solo conocimiento intelectual. Era un valor alto, pero no era un valor fundamental. No era la creencia de sus corazones.

Apocalipsis 12:11 dice que vencemos por la sangre del Cordero y el poder de nuestro testimonio. Derrotamos al enemigo, experimentamos la sanidad y ayudamos a otros a hacer lo mismo poniendo en práctica la Palabra de Dios en nuestras vidas. Uno de los primeros testimonios que recuerdo ocurrió cuando yo tenía 13 años. Estaba ahorrando para comprarme una pistola de aire de 300 pesos y, cuando por fin reuní lo último, me dispuse a salir corriendo hacia la tienda. Mi papá se estaba preparando para llevarme cuando amorosamente me recordó: "Apartaste tu diezmo, hijo?".

Mi corazón se hundió. "Uhhh... no lo puedo creer; no podré comprarla si soy mi diezmo". Tanteé mis palabras, y la batalla fue aún peor en mi mente. Me olvidé por completo de diezmar y no tenía los treinta pesos extra para hacerlo. Si daba el 10 por ciento de mis ganancias sólo tendría 270 pesos. Lo pensé durante un minuto y decidí esperar para comprar el juguete hasta que tuviera suficiente dinero. Ese domingo cuando puse mi sobre con 30 pesos en el plato de la ofrenda, sentí como si hubiera pasado una prueba. Esa misma tarde, mi familia y yo fuimos a pasear por las tiendas. Le pregunté a mi papa si podíamos pasar por la tienda de juguetes para asegurarme de que mi juguete me siguiera esperando cuando tuviera suficiente dinero. Para mi asombro, cuando llegamos, la pistola de aire estaba en oferta por 270 pesos! Aún recuerdo la sensación que me produjo aquella intervención milagrosa y sobrenatural. Sé que puede parecer una tontería, pero llevaba seis meses mirando ese juguete y nunca había tenido un descuento. No era casualidad. En ese momento, supe por mí mismo que la Palabra de Dios es verdad, que Él es mi proveedor, y que mi 90 por ciento rinde mucho más cuando lo honro con mis diezmos. Ahora nadie podría jamás convencerme de no diezmar o dar ofrendas generosamente. Por qué? Porque no solo conozco las escrituras acerca del diezmo y la provisión. Sé con certeza que funcionan! He experimentado las promesas de Dios.

Estas experiencias tan poderosas se convierten en parte de ti. Una experiencia le gana de maestro a cualquier gran conocimiento.

El trauma es una experiencia negativa que se parece mucho a un testimonio. El trauma provoca una especie de zanja en el cerebro, que de forma muy rápida y violenta nos enseña una lección, algo así como el ejemplo de la estufa caliente. Después de que el niño toque la estufa caliente sobre la que sus padres le han advertido repetidamente, experimenta un dolor rápido, profundo y violento que le marca con un nuevo entendimiento. No toques la estufa caliente, quema!

Los testimonios son la versión positiva de un trauma, si podemos decirlo así. Saúl tuvo uno de ellos cuando se encontró con Jesús. Tuvo un encuentro violento y traumático con Dios. En un instante le enseñó algo que acabó anulando todo el conocimiento que tenía acumulado como fariseo toda su vida. Esta experiencia traumática es lo que llamamos salvación. Creo que la salvación debe ser un acontecimiento positivamente traumático en el que nos encontramos con nuestro Salvador Jesús rescatándonos del reino de las tinieblas y trasladándonos violentamente a Su Reino de luz (Colosenses 1:13). Creo que esto también puede explicar la gran diferencia en la vida de las personas cuando se salvan. Por qué vemos un cambio radical en algunos y poco o ningún cambio en muchos otros?

Cuando aplicamos la Palabra de Dios a nuestras vidas y experimentamos estos encuentros que producen testimonios, se convierten en parte de nosotros, parte de nuestros sistemas de creencias, parte de nuestros corazones. Se creó en mí una zanja que me recuerda que Dios es mi proveedor y que diezmar y sembrar es la manera de tener más que suficiente para toda buena obra. Ese testimonio me traumó poderosa y positivamente a los 13 años, cuando experimenté lo que era imposible para mí en ese momento.

Nadie puede jamás quitarte tus testimonios. Por eso estoy tan emocionado de que viajes conmigo mientras recorremos juntos este libro. Te mostraré cómo aplicar la Palabra de Dios y colaborar con el Espíritu Santo utilizando las prácticas eternas de la oración, la meditación y la declaración. Estas prácticas te mostrarán cómo identificar los lugares rotos, dolorosos y vacíos de tu vida para que puedas colocar las piezas faltantes del rompecabezas -la Palabra de Dios- en los huecos de tu vida. Tercera de Juan 1:2 (RVA) dice: “Amados, deseo que prosperéis en todo y que tengáis salud, así como prospera vuestra alma”. Este libro es una herramienta para ayudarte a prosperar en todas las cosas y sanar tu vida. Cómo? Llenando tu corazón con las piezas que Jesús ya pagó para que tuvieras. Es un plano de cómo puedes experimentar radical y relacionalmente la sanidad redentora de Dios. A través de esta enseñanza, he visto matrimonios restaurados, avances financieros, cuerpos sanados, adicciones rotas, y personas floreciendo en sus propósitos dados por Dios. Personalmente, he experimentado sanidad física, mental y emocional de todo corazón. Dios ha redimido milagrosamente relaciones que yo creía rotas para siempre. Tu leerás varias de estas historias en este libro. Mi oración es que recibas una revelación que te empodere a sanar tu vida.

## Qué significa sanar?

Antes de ir demasiado lejos, quiero identificar lo que realmente significa ser sanado. Jesús sanó a miles durante Su ministerio terrenal, y hoy, innumerables personas están siendo sanadas en Su nombre. Jesús sanó en muchos niveles. Sí, la gente fue sanada de enfermedades físicas como lepra, ceguera e incluso de la muerte. Sin embargo, Él no se detuvo allí. Sus almas también fueron sanadas. Personas que habían sido rechazadas y aisladas durante décadas, de repente se sintieron vistas, y los marginados pudieron volver a entrar en la comunidad. Jesús abrió el camino para que pudiéramos experimentar relación restaurada con el Padre Celestial.

Lo mismo ocurre contigo. Cuando Jesús te sana, es completo. Tu mente, cuerpo, espíritu y alma cosechan los beneficios por toda la eternidad. Incluso *el Diccionario Merriam-Webster* define sanar como, "estar libre de lesión o enfermedad; estar sano o completo".

La Biblia nos dice en Romanos 10:9 que seremos salvos cuando pongamos nuestra fe en Jesús. La palabra *salvado* es la palabra griega *sozo*, y el significado y las implicaciones de esta palabra son mucho más amplios que eternidad en el cielo. Significa salvo, sano, libre y *completo*. Sanar significa volver a estar completo, sin que te falte nada. Esto nos da permiso para creer en la restauración de toda área quebrada en nuestra vida. En mi iglesia, tenemos un ministerio específico que ayuda a las personas a ser completas a través de la oración. Ayudamos a la gente a escuchar la voz de Dios, y a través de la guía del Espíritu Santo, ayudamos a la gente a descubrir las mentiras que están creyendo. Las mentiras del enemigo nos roban el pleno efecto de la salvación. Por eso este ministerio se llama *sozo*.

Jesús dijo en Juan 10:10 que el ladrón viene a matar, robar y destruir, y una de las formas en que roba es mintiéndonos y esperando que creamos sus mentiras. No tiene poder sobre nosotros. Es un enemigo derrotado. La única manera en que puede robarnos es cuando creemos sus palabras mentirosas. Ese versículo dice entonces que Jesús vino para que tengamos vida y vida en abundancia. Jesús no estaba tartamudeando; creo que se refería primero a la vida eterna, que es donde la mayoría de los creyentes se quedan, y segundo, a la vida abundante aquí en la tierra. Sería redundante decir que la vida va a ser abundante en el cielo, eso ya lo sabemos. No habrá dolor, y las calles están hechas de oro. Jesús estaba diciendo que, a través de la salvación en Él, tenemos acceso a la vida abundante aquí en la tierra.

Tercera de Juan 1:2 nos dice que nuestra prosperidad exterior depende de la prosperidad de nuestra alma, o como me gusta decirlo, cuanto más completo este por dentro, más prosperidad experimentaré en la salud, las relaciones, las finanzas y todas las áreas de la vida. Cuando mejoras tu corazón, mejoras tu vida, porque es en tu corazón donde almacenas tus creencias fundamentales y produces la vida que estás viviendo hoy.

Así que, cuando me oigas hablar de *sozo* más adelante en el libro, éste es el proceso de oración al que me refiero.

La sanidad en tu vida es algo más que liberarte de la enfermedad. (Aunque eso es ciertamente una parte de lo que este libro le ayudará a hacer.) Aún más, el tipo de sanidad que estamos discutiendo es la sanidad de todo corazón. Es la liberación del pecado, la adicción, los pensamientos tóxicos, la falta de perdón y el dolor emocional. Este nivel de sanidad romperá los ciclos tóxicos y disfuncionales que te han estado saboteando. Expondrá y reparará las creencias profundamente arraigadas que impiden que las promesas de Dios se manifiesten en tu vida. Esencialmente, experimentarás la plenitud de vida para la que fuiste creado. Este es el tipo de sanidad que te hace completo. Cuando Dios te sana, tienes la capacidad de ayudar a otros a sanar. Como escribió el pastor y autor Peter Scazzero: "Nuestro primer acto de amor a este mundo es dejar que Jesús nos sane".

La sanidad completa de corazón comienza aceptando a Jesús como tu Señor y Salvador, pero no termina ahí. Por lo tanto, lee este libro desde el punto de vista de recibir sanidad en cualquier área en la que desees ser sano y completo. Aplica las lecciones en los lugares donde necesitas una nueva medida de la presencia, el poder y las promesas de Dios.

Una advertencia rápida: este libro no es una lista religiosa de "cosas por hacer" que puedas marcar "completo" y sentirte bien. Por el contrario, es un proceso relacional que requiere un profundo trabajo de corazón con Dios. Este libro proporciona una plantilla para la sanidad y la libertad, pero tú y el Espíritu Santo tendrán que llenarla con la sustancia. Puedo prometerte esto: nunca te arrepentirás de hacer el trabajo del corazón en tu vida. Así que, comencemos!

## Resumen del capítulo

- Todo se reduce a una cosa: el corazón. Como dice Proverbios 4:23 "Guarda tu corazón sobre todas las cosas, porque él determina el curso de tu vida". La Nueva Versión Reina Valera lo expresa así: "Guarda tu corazón con toda diligencia, porque de él mana la vida".
- Cuando nuestra mente sabe algo, pero nuestro corazón cree lo contrario, lo llamamos disonancia cognitiva, que es como una hipocresía interna que provoca una especie de guerra interna en lugar de un acuerdo interno.
- El significado que damos a las cosas tiene un gran impacto en cómo se está formando nuestro sistema de creencias, independientemente de que sea la verdad o no.
- La aplicación es la pieza que falta para el avance. Saber dónde y cuándo aplicar la Palabra de Dios es clave para llegar a estar completos. Una revelación sin aplicación es una comida espiritual desperdiciada.
- El trauma es un atajo para escribir algo profundamente en nuestros corazones, ya sea positivo o negativo.
- *Sozo*, la palabra para *salvación*, significa más que vida eterna. También significa integridad; sanidad física, emocional y en nuestros corazones; y liberación y restauración en los lugares rotos de nuestras vidas. *Sozo* es también como llamamos a uno de nuestros ministerios en el que ayudamos a la gente a orar, escuchar la voz de Dios e identificar las mentiras del enemigo que nos están robando y afectando nuestros sistemas de creencias en contra de la Palabra de Dios.

## Activar: Identificar

Para sacar el máximo provecho de este libro, debes convertirlo en algo personal. Considera la siguiente definición de sanidad: "liberarse de una lesión o enfermedad; sanar o recuperar la salud".

Dedica un tiempo para escribir tus respuestas a las siguientes preguntas:

- Físicamente, dónde sientes dolor? En qué parte del cuerpo necesitas sanar?
- En el plano relacional, qué amistades o lazos familiares necesitan fortalecerse?
- Personalmente, dónde NO estás experimentando vida abundante?
- Espiritualmente, qué te gustaría tener más en tu relación con Dios?

## CAPÍTULO 2

# HACIENDO EL TRABAJO ~~DURO~~ DEL CORAZÓN

Alguna vez se te ha atascado el coche en una zanja, en la arena o peor aún, en el lodo? Cuando estas atorado, el instinto natural suele ser pisar más fuerte el acelerador. Desgraciadamente cuanto más aceleres y hagas girar las ruedas, más se hundirá tu auto. Incluso podrías dañar otras partes del auto.

Cuando estás atascado, tiendes a correr más rápido y más fuerte en la misma dirección. La frustración crea caos, y el caos obstruye la claridad mental. Lo mismo ocurre en tu vida espiritual. Quieres ser un buen cristiano, así que modificas a la fuerza tus comportamientos para intentar alcanzar la santidad. Esto puede mantener tus problemas en la raya durante un tiempo, pero no conduce a una transformación verdadera y duradera. Hacer girar las ruedas no es sostenible ni eficaz. Con el tiempo te quemaras, te amargarás y dañarás a las personas que te rodean. Tristemente, es verdad: la gente herida hiere a otros.

Desafortunadamente, lo sé por experiencia.

Tengo cinco hijos increíbles y amo a cada uno de ellos apasionadamente. Sin embargo, como cualquier padre sabe, amar a tus hijos no evita que te frustres. Todos tenemos nuestros puntos débiles. Antes de ser padre, me dije a mí mismo que compartiría todo con mis hijos. Estaba decidido a no ser el tipo de padre que dice "Eso es mío, no lo toques! Todo eso cambió cuando mi hijo empezó a jugar con mis herramientas y a dejarlas esparcidas por el garaje. Es un niño muy creativo al que le encanta construir, pero muchas veces en su intento, desarma, destruye y hasta rompe algo sin querer.

Esto se convirtió en un hábito para él, y después de un largo día de trabajo, yo llegaba a casa cansado, y ver las herramientas regadas por toda la casa me hacía perder la cabeza. Levantaba la voz y decía cosas de las que me arrepentía. La convicción se asentaba durante mi tiempo de silencio con el Señor más tarde por la noche. No quería que mi enojo aplastara la creatividad de mi hijo para siempre. Oraba cosas como: "Dios, por favor, dame fuerza y ayúdame con mi enojo". Resistía la tentación de enfadarme durante un tiempo, pero después de unos cuantos episodios de herramientas encontradas bajo el sillón o en una planta, volvía a tener otro momento de enojo. Entonces, cuál era la verdadera solución? Bueno, puedo decirte que no es trabajar más duro en el problema, sino más bien hacer el trabajo del corazón para eliminar el problema desde la raíz. Muchos cristianos viven sus vidas diciéndose a sí mismos y a otros, "No te enojes. No te enojes..." constantemente tratando de controlar la carne y modificar sus comportamientos, pero cuando Dios me mostró que necesitaba hacer el trabajo del corazón, descubrí que el enojo no era el problema - era sólo un síntoma.

El Espíritu Santo me reveló que la causa raíz de mi enojo era la falta de paciencia. Tenemos el regalo más grande dentro de nosotros, el Espíritu Santo. Él sabe exactamente lo que necesitamos y lo que está sucediendo en nuestros corazones. Me estaba enfocando en el enojo -el síntoma- pero no iba tras el verdadero problema de mi corazón. Después de que me di cuenta de que era un problema de paciencia, empecé a meditar en las escrituras que hablan de la paciencia y declaré la verdad hasta que se hizo real en mi vida. El enojo se fue con menos esfuerzo. Veras, cuando me enfocaba en el enojo, el enojo se magnificaba, porque en lo que te enfocas crece. Pero cuando me di cuenta que era un problema de paciencia, medite en el fruto del Espíritu Santo, que ya estaba dentro de mí. El fruto no es difícil de producir. Sólo hay que cultivarlo y crece. Así que crecí en paciencia y continúo haciéndolo. No necesito luchar contra el enojo, sólo necesito recordarme a mí mismo que ya tengo la paciencia que necesito para lo que sea que esté frente a mí.

La Biblia lo hace muy sencillo. Cuando tu experimentas repetidamente la misma tentación y lucha, no tienes que tratar un millón de asuntos diferentes. Simplemente llega a la raíz de tu corazón. Proverbios 4:23 es un concepto al que volveremos repetidamente a lo largo de este libro. Dice: "Guarda tu corazón con toda diligencia, porque de él mana la vida".

La distracción es una de las herramientas favoritas del diablo. Cuando te enfrentas a un problema, el enemigo tratará de abrumarte con todos los factores externos. Satanás trata de mantenernos podando las malas hierbas. Nadie poda las malas hierbas, se arrancan de raíz. Sin embargo, tratamos de luchar contra los síntomas, adormeciendo el dolor, y construyendo sistemas para controlarnos externamente. Es como un perro que se persigue la cola. Así es como el enemigo nos mantiene exhaustos -tratando en vez de llegar a la raíz. Recuerda que todo se reduce a una cosa: el corazón. Pregúntale al Espíritu Santo cuál es la raíz de ese problema en tu vida, para que no estés perdiendo el tiempo podando la mala hierba y dándole mantenimiento a los síntomas. No es el trabajo duro lo que resolverá tus problemas; es el trabajo del corazón.

Aquí van las buenas noticias, amigo: ya no tienes que darle más vueltas a la cabeza. Hay una mejor manera.

La transformación del corazón no viene por la fuerza, sino todo lo contrario. Recibimos poder rindiéndonos al Espíritu Santo. Y el poder es mejor que la fuerza cualquier día de la semana. Jesús es nuestro mejor ejemplo. El oraba, tenía la Palabra dentro de Él, y cuando hablaba, el poder fluía. Muchos creyentes oran, meditan y declaran, pero no sucede mucho cuando lo hacen. A lo largo de este libro, exploraremos la oración, la meditación y la declaración en mayor profundidad y discutiremos cómo usar estas armas como lo hizo Jesús para experimentar grandes avances en cada área de la vida. Aprenderemos cómo aplicar las escrituras y las verdades con las que ya estamos familiarizados a cualquier lugar en el que no estemos experimentando la vida abundante que Jesús pagó para que tuviéramos.

Pero por ahora, tenemos que trabajar hacia atrás para avanzar. Estamos atascados en el lodo, recuerdas?

## Desarraigar, derribar, destruir y demoler

En 1173, un ambicioso grupo de italianos decidió construir un campanario en la plaza principal de su ciudad. Se mantuvo erguido durante cinco años, pero cuando se le añadió un tercer piso, empezó a inclinarse ligeramente. Los ciudadanos de Pisa se quedaron atónitos. Se hizo evidente que los cimientos de arcilla no eran lo suficientemente fuertes como para mantener la torre erguida. Debido a este problema, los trabajos de construcción de la torre se interrumpieron durante 100 años.

Un siglo más tarde, el ingeniero Giovanni di Simone añadió más pisos a la torre. Intentó equilibrarla haciendo un lado de la planta más alto que el otro. Luego añadieron un séptimo piso y un campanario, lo que hizo que se inclinara aún más. El proceso de construcción duró unos 200 años. Aunque los problemas de cimentación de la Torre de Pisa son la fuente de su fama, era propensa a derrumbarse y herir a mucha gente. Este peligro era tan inminente que los ingenieros civiles intervinieron en 1990 para estabilizarla.

Cuando reconocemos un problema en nuestra vida, la tentación es seguir adelante como si no pasara nada. Pensamos que si persistimos en nuestras ambiciones y seguimos construyendo, los problemas desaparecerán. Es una ilusión ingenua. Por el contrario, las presiones de la vida harán que las grietas en el fundamento se ensanchen hasta que se produzca el inminente colapso. En la torre inclinada de Pisa, el peso de la torre comenzó a distribuirse hacia abajo hasta que alcanzó el punto más débil de la estructura. Del mismo modo, si no sanamos nuestros corazones, el enemigo seguirá atacándonos en nuestras áreas más vulnerables.

Esta es la parte irónica. A menudo evitamos el trabajo del corazón porque somos ignorantes o porque nos parece intimidante. La vida es exigente, así que es natural abrocharse el cinturón y seguir adelante. No queremos perder el tiempo. Sin embargo, Pisa nos muestra que este enfoque no es productivo. De hecho, causa más problemas. Cuando se enfrenta la raíz de un problema, se puede desarraigar por completo y comenzar a alcanzar los resultados deseados. Sin embargo, si evitas el problema, retrasarás el destino que Dios tiene para ti. La voluntad perfecta de Dios para tu vida incluye la sanidad de todo corazón y restauración completa. Tu puedes elegir comenzar con este proceso de lleno, o puedes ignorar el trabajo del corazón y continuar experimentando mucho dolor a cambio.

Ochocientos años después de la fundación de Pisa, las siguientes generaciones tuvieron que poner remedio a sus problemas. Los ingenieros sospechan que necesitará otro arreglo dentro de unos 200 años. Del mismo modo, cuando no nos ocupamos de nuestros problemas, corremos el riesgo de pasar la carga a la siguiente generación. Por otro lado, puedes dejar un legado de libertad si decides sanar tu corazón. Puedes conquistar gigantes generacionales como la ansiedad, la adicción, la pobreza, el temor e incluso la enfermedad, para que la próxima generación no tenga que luchar tus mismas batallas. Qué herencia tan poderosa puedes dejar!

Pero antes de restaurar o construir, hay que demoler todo lo que se interponga en el camino. Te imaginas lo que ocurriría si los arquitectos hubieran demolido la torre de Pisa en el primer momento en el que reconocieron el problema de los cimientos? En lugar de mil años, el proceso hubiera durado menos de una década. Claro que habrían perdido dinero a corto plazo, pero a largo plazo se habrían ahorrado millones de dólares. (Ignoremos el hecho de que nos hubiéramos perdido un tesoro nacional muy peculiar).

Muchos cristianos no están viviendo en la paz, provisión o en las promesas que leen en la Biblia porque están tratando de construir sobre cimientos rotos. Esto puede ser increíblemente frustrante para las personas que han sido cristianas por mucho tiempo. Se preguntan por qué no están experimentando las promesas de Dios mientras esas mismas promesas se están cumpliendo a su alrededor para otros que acaban de aceptar a Jesús en sus corazones. Algunos cristianos nuevos ven, creen y hacen milagros que superan por mucho a personas que han sido creyentes toda su vida. Mi esposa y yo vemos esto mucho con los graduados del instituto bíblico. Son inundados con el conocimiento de la Palabra de Dios, pero experimentan muy poca transformación. A veces, esto puede causar más frustración en ellos. El conocimiento no es igual a la transformación. La Biblia de hecho nos dice que el conocimiento te enorgullece.

Como resultado, muchos cristianos concluyen que la Palabra de Dios no es completamente verdadera. Terminan reduciendo la Palabra de Dios al nivel de su experiencia en vez de pararse firme en la Palabra de Dios y confrontar sus creencias del corazón hasta que sus experiencias se eleven al nivel de la Palabra de Dios. Las personas en esta situación terminan viendo la Biblia como relativa y a Dios como distante. En el peor de los casos, se vuelven amargados y frustrados hacia Dios y Su iglesia.

Por qué ocurre esto?, Por qué algunas personas reciben los frutos antes que otras?, Por qué el amor, la alegría, la paciencia y los demás frutos del Espíritu son tan fáciles para unos y tan difíciles para otros?

Mientras batallaba en oración con esta pregunta, Dios me mostró Jeremías 1:9-10:

> *Entonces el Señor extendió la mano, me tocó la boca y me dijo: "Mira, he puesto mis palabras en tu boca! Hoy te doy autoridad para que hagas frente a naciones y reinos. A algunos deberás desarraigar, derribar, destruir y derrocar. A otros deberás edificar y plantar".*

Para contextualizar, Jeremías fue profeta durante una época realmente dura. Su pueblo, los Israelitas, cometían todo tipo de actos idólatras y pecaminosos (incluidos sacrificios humanos). Así que Dios le dijo a Jeremías que iba a exiliar a los Israelitas a la malvada nación de Babilonia. La misión de Jeremías era, derribar, destruir y derrocar a las naciones y reinos que se oponían a Dios, para construir y plantar naciones y reinos que promovieran la voluntad de Dios.

Esto me recuerda al programa de televisión *Fixer Upper*. Joanna Gaines, la estrella del programa y diseñadora de interiores de gran talento, creaba la visión de cómo iba a quedar una casa una vez terminada la remodelación. Pero antes de que pudiera hacer realidad esa visión, había un día muy importante: el día de la *demolición*. Sin el día de la demolición, era imposible lograr que las casas tuvieran el aspecto que ella había imaginado.

Jeremías no era un hombre militar; él era un profeta. No entró en combate físico ni atacó a sus enemigos con una espada. La única munición que tenía era la Palabra y el favor de Dios. Lo mismo ocurre con nosotros hoy. Antes de que podamos ver florecer las bendiciones y promesas de Dios en nuestras vidas, debemos destruir las cosas que se oponen a Su Palabra. Si queremos reinar en el Reino de Dios con la libertad y el poder que Él quiere para nosotros, debemos sacar la basura de nuestra tierra.

Con el tiempo, Dios prometió volver a plantar en Israel "fielmente y de todo corazón" y que "nunca dejaría de hacer el bien por ellos" (Jeremías 32:40-41). Siempre está en la naturaleza de Dios redimir y restaurar la creación a una relación correcta con Él. Sin embargo, antes de que pudiera haber restauración, tenía que suceder la demolición. Para que ocurriera una renovación de todo corazón, ciertas prácticas, mentalidades y posturas del corazón tenían que ser eliminadas del cuadro. Si recuerdas, los Israelitas todavía tenían creencias equivocadas, aunque habían sido liberados de Egipto. Solo porque nosotros, como cristianos, hemos sido salvos y trasladados del reino de las tinieblas al Reino de luz, no significa que estemas libres de creencias erróneas, mentalidades de pobreza, actitudes de esclavos, o creencias limitantes y tóxicas.

De nuevo, no me refiero a saber estas cosas sino a tenerlas como parte de nuestro sistema de creencias. Estas cosas nos continuaran manteniendo alejados de la vida abundante.

No es interesante que cuatro de las seis cosas que Dios le dijo a Jeremías que iba a hacer tenían que ver con la demolición: desarraigar, derribar, destruir y derrocar? Sólo dos se referían al crecimiento: construir y plantar.

En hebreo, las palabras demoledoras son bastante intensas.

Por ejemplo, la palabra para *desarraigar* es *nâthash*. Significa arrancar y arrancar completamente algo de raíz (Strong's H5428). *Destruir* es 'âbad, y significa alejarse y perderse hasta el punto de morir (Strong's H6). En algunos casos, destruir se asemeja a "quedar completamente deshecho sin forma de huir".

Tenemos una opción. Podemos desarraigar las cosas en nuestro corazón que se oponen a La Palabra de Dios o tener La Palabra de Dios desarraigada de nuestros corazones. Podemos destruir las cosas que causan que nos alejemos de la verdad o dejar que esas cosas nos destruyan. Estas palabras de destrucción usadas en Jeremías nos están haciendo saber que no debemos mostrar tolerancia por las creencias que se oponen a Dios y que deben ser tratadas con una actitud de violencia, del tipo que mostrarías a un ladrón atrapado dentro de tu casa en medio de la noche. En el siglo XXI, este es un concepto totalmente extraño. A la mayoría de la gente de nuestro tiempo le gusta ignorar las cuestiones difíciles. La cultura nos guía a buscar la distracción digital, auto-medicarnos, insensibilizarnos, adormecer el dolor y seguir "tu verdad" en cualquier forma que nos haga sentir bien. Por desgracia, este clima cultural ha infiltrado algunas partes de la iglesia.

Puede que tu ciudad natal no esté bajo la amenaza constante de una invasión física, pero debo aclarar, las naciones y reinos que necesitamos destruir representan las culturas impías, las creencias anti-bíblicas, los patrones de pensamiento, las tradiciones del hombre y la idolatría que está tratando de hacernos conformar a este mundo. Tantos cristianos ya han dejado la vista mundial Bíblica y muchos están tristemente en el proceso de dejarla. Hay ídolos culturales, actitudes, patrones de pensamiento, y tradiciones de hombres que tú debes derrocar y no permitir que permanezcan en tu corazón.

En Romanos 12:2, Pablo habla de esto claramente. El escribe, "No copien la conducta y costumbres de este mundo", y muchas de estas conductas y costumbres impías fueron escritas en nuestros corazones desde una edad temprana, por lo que es posible que ni siquiera sepamos que están ahí, pero la buena noticia es que el Espíritu Santo sí lo sabe. Él sabe cómo, qué, cuándo y en qué orden desarraigar, destruir, derrocar y demoler las cosas que nos están saboteando por dentro.

## Desaceleración y demolición

Tenemos que aprender de la Torre de Pisa. En nuestro afán por construir algo nuevo con Dios, no podemos descuidar nuestros cimientos. Muchas veces, no queremos hacer el trabajo de preparación porque eso implicaría ir más despacio. Y, para ser sinceros, la preparación no es muy emocionante. Demoler es divertido por un tiempo, pero no pasa mucho tiempo hasta que tus brazos están adoloridos, tu cabeza está cubierta de paneles de yeso, y cada hueso de tu cuerpo te pide que renuncies. El deseo de construir y la aversión a la demolición han hecho que muchos ministerios y pastores se desmoronen bajo la presión. Según el Instituto Francis A. Schaeffer de Desarrollo del Liderazgo Eclesiástico, el 75% de los pastores afirman estar muy estresados. En un estudio de más de mil pastores, el 100% tenía algún colega que había abandonado el ministerio por agotamiento, conflicto eclesiástico o fracaso moral.

Para construir algo nuevo, hay que preparar el espacio. Lo mismo es cierto para la sanidad. La preparación es necesaria. Incluso un terreno vacío necesita ser nivelado antes de poder construir algo en él. Si no se prepara el terreno, es como construir una torre de Jenga sobre un montón de bloques caídos. Cuanto más añades a la torre, más inestable se vuelve. Comienzas a desmoronarte.

El Espíritu Santo es tan asombroso porque redime el tiempo y reconstruye todo lo que se ha venido abajo. Una vez que colaboras con El para desarraigar, derribar, destruir y derrocar, las cosas que construirás y plantaras permanecerán. Como un urbanista, despejarás el terreno y estudiarás cómo construir en tu vida. Y qué estás construyendo? El Reino de Dios. Como un experto jardinero, labrarás la tierra y cultivarás el crecimiento. Y qué estás cultivando? El fruto del Espíritu. Abundancia de paz, alegría, amor, paciencia, mansedumbre, bondad, fe, autocontrol y templanza serán el resultado de tus esfuerzos. Todo comienza con llegar a la raíz de lo que está impidiendo tu sanidad.

## Resumen del capítulo

- Cuando se trata de sanidad y crecimiento espiritual, modificar el comportamiento nunca es una solución sostenible. No tienes que centrarte en un millón de asuntos diferentes; sólo tienes que centrarte en tu corazón. Por qué? Porque todos los asuntos de nuestra vida, buenos y los malos, fluyen de nuestro corazón. Como dice Proverbios 4:23: "Guarda tu corazón con toda diligencia, porque de él mana la vida".

- Si enfrentas un problema desde su fuente de origen, podrás desarraigarlo por completo y alcanzar más pronto los resultados que deseas ver en tu vida. Sin embargo, evitar el problema retrasará el destino al que Dios quiere llevarte.
- Antes de que puedas plantar y construir, necesitas desarraigar, arrancar, destruir y derribar cualquier cosa que se oponga a La Palabra de Dios en tu vida.

## Activación: Forma y fundamento

Pregúntate a ti mismo:

Qué comportamiento toxico, mal hábito o adicción he intentado cambiar, pero sigo fracasando en el intento? Qué he intentado modificar, pero me siento agotado?

Ahora pregúntale al Espíritu Santo:

Qué creencias, mentalidades o hábitos de mis cimientos necesito destruir antes de poder experimentar victoria y transformación en esta área de mi vida?

# CAPÍTULO 3

# EL PEOR DÍA DE MI VIDA

Al principio de este libro te conté el horrible accidente que tuve y cómo cambió mi vida, así que esto es lo que pasó.

Una hermosa mañana de sábado en abril del 2021, mi amigo Carlos y su hijo Jordan me invitaron a andar en moto cross en el desierto. Llevábamos meses intentando planear este viaje, y por fin nuestras agendas coincidieron. No soy un piloto muy constante, pero me subo con cuidado a una moto unas cuantas veces al año. Sin embargo, no soy en absoluto de los que van al límite o corren riesgos innecesarios. En esta expedición Jordan tomo la delantera. Él y Carlos habían recorrido esta ruta muchas veces, y yo era el nuevo en ella. No iba a aventurarme por mi cuenta. Nos dirigimos a un lago a unos 90 minutos de distancia, deslizándonos por terreno firme, suelo rocoso, terreno arenoso y grava suelta. Subimos y bajamos colinas empinadas y no tuve ningún problema. Me sentía seguro, pero aun así mantenía un respeto por la moto y el terreno que aún era desconocido para mí.

Cuando era niño, mi padre me enseñó a ser valiente sin dejar de tener respeto a las cosas que podían hacerme daño. En nuestros viajes a la playa siempre decía: “Respeta el océano, aunque te sientas confiado”. Era una forma sana de divertirse y ejercitar la sabiduría.

De repente, nuestro trío llegó a una bajada muy empinada, de las que tienes que comprometerte una vez que empiezas a bajarla. Si te detenías a mitad de camino, la moto se te vendría encima. Tampoco podías acelerar porque prácticamente ibas de picada. Sólo podías frenar con motor en primera. Mientras seguía a Jordan cuesta abajo, él se movió hacia el lado izquierdo del camino. Pensé: "*Da igual. Yo seguiré en el lado derecho para no cambiarme bruscamente*". Sin embargo, la realidad era que el lado izquierdo y el derecho tenían algunas diferencias drásticas. Mi lado del camino tenía unas caídas que el lado izquierdo no tenía: primero medio metro, metro y medio, dos metros. Antes de darme cuenta, en esa última caída más alta, mi rueda delantera pego fuerte en el suelo, el volante se torció y la moto me lanzó por un barranco de 6 metros. Mis piernas se enredaron con el volante en el aire, y cuando aterricé, el peso de la moto y la fuerza de la caída forzaron mi pierna izquierda a doblarse hacia afuera en un ángulo de 90 grados de la rodilla hacia la izquierda. Oí un fuerte crujido mientras el dolor me subía por la pierna, y no podía obligarme a mirarla. Lo que sí vi fue una barra de acero oxidado justo a mi lado saliendo del suelo. Si hubiera caído unos centímetros a la derecha, me hubiera atravesado por completo.

Los médicos confirmaron que me había desgarrado todos los tendones y ligamentos de la pierna excepto uno. Fue una dislocación completa. Toda mi pierna colgaba de la piel y el músculo. Es sin duda el peor trauma físico de mi vida.

No había duda de que mi cuerpo tenía que sanar. Con solo mirarme un segundo te darías cuenta. Un simple vistazo te haría pensar "*ese cuate nunca será el mismo*". Sin embargo, me sorprendió cómo la necesidad de sanidad física desencadenó una necesidad de sanidad interior en múltiples áreas de mi vida. Las heridas inflamaron toda una serie de síntomas que no me había dado cuenta de que necesitaba tratar. El miedo y la desesperanza tenían un nuevo punto de entrada en mi vida, y el camino hacia la recuperación iba a ser largo. No pude ir a la iglesia durante dos meses enteros, y lloré todos los días porque echaba mucho de menos la presencia de Dios en la iglesia. Es diferente que cuando estas a solas con Dios, algo que hago todos los días. El consejo que me dio mi amigo Chad después del accidente todavía resuena en mi mente. En respecto a mi recuperación me dijo: "Va a ser un trabajo muy *duro*, pero el trabajo más importante es el del *corazón*".

Tal vez hayas vivido alguna vez un acontecimiento parecido a este. Un día parece que todo va de maravilla, y al día siguiente, tu vida está completamente de cabeza. No voy a mentir. Aunque ya era un pastor con un gran ministerio, una familia sana, y más que suficiente evidencia de la bondad de Dios en mi vida, caí en una pequeña depresión después del accidente.

Mi pobre esposa Kara, tenía que seguir siendo madre de tiempo completo de nuestros cinco hijos, y cuidarme a mi las 24 horas del día. Ella necesitaba un descanso y expresó su deseo de ir a Sedona, Arizona como familia, a pasar un tiempo con sus padres en una casa de vacaciones. A pesar de que estábamos a sólo dos horas en coche de donde vivíamos, insistí en que yo no podía ir. En aquel momento, apenas podía ir a la terapia física que estaba a unas cuantas millas de nuestra casa. La razón por la que me resultaba difícil ir en coche no era necesariamente el dolor, sino el trauma que estaba experimentando. Tenía una forma de estrés post traumático por el accidente.

El miedo se había metido en mi corazón de una forma que nunca antes había experimentado. Para ir a la terapia física tenía que sentarme en el asiento de en medio de nuestra minivan con la espalda apoyada en una de las puertas laterales. Mi pierna izquierda lesionada tenía que estar extendida y elevada sobre el asiento. Soy muy alto, y esta era una posición muy incómoda! Sólo tardábamos entre 15 y 20 minutos en llegar a la consulta del médico, y mi esposa Kara es una excelente conductora. Ni siquiera teníamos niños en el coche para distraernos o para ponerme nervioso. Éramos solo nosotros dos. Aun así, cinco días a la semana me sentaba en el coche con los ojos cerrados y la cara pegada a la cabecera del asiento. Era aterrador, pero sólo a causa de una nueva creencia errónea que se introdujo en mi corazón a través del trauma del accidente. Esta nueva creencia me susurraba al oído: "Algo malo e inesperado podría ocurrir ahora mismo". Si no me conocieras, pensarías que estaba en una montaña rusa que desafiaba a la muerte. Una vuelta brusca o un enfrenón inesperado desencadenaba el tormento del estrés postraumático del accidente y mi ansiedad se disparaba de inmediato. Por eso, cuando mi esposa me propuso hacer un viaje de dos horas por carretera con nuestros cinco hijos en coche, ni siquiera lo considere.

En ese momento, el Espíritu Santo habló a mi corazón y me dijo: "Ben, es hora de lidiar con esto". Me recordó las palabras de mi amigo Chad sobre hacer el trabajo del corazón. Así que llamé a mis amigos Amy y Chip para pedirles que vinieran a mi casa a hacer un SOZO. (Recuerdas que te hablé de Sozo en el Capítulo 1?) Como recordatorio rápido, *sozo* es la palabra griega para *salvación*, pero Sozo es también un poderoso ministerio de sanidad interior que hacemos en nuestra iglesia. Durante un Sozo, oras con un par de personas que actúan como facilitadores y te ayudan a escuchar la voz de Dios. Permites que el Espíritu Santo te guíe hacia los lugares que necesitan ser sanados o enfrentados. Era claro que necesitaba sanidad del estrés postraumático que sufría a causa del accidente.

Afortunadamente, mis amigos aceptaron mi llamada de emergencia y me ayudaron a orar para sanar mi corazón. Después de una hora orando, sentí que algo pesado se me quito de encima. Al instante, el miedo que era tan real, el miedo que me mantenía agarrado al respaldo del asiento de la minivan y me decía que nunca lograría hacer un viaje por carretera, desapareció por completo! Inmediatamente llamé a Kara y le dije: "Vamos a Sedona! Estoy libre". Desde ese momento mi sanidad física se aceleró. Fue como si la victoria espiritual y la sanidad que se produjo en mi alma eliminaran cualquier resistencia y obstrucción contra mi recuperación física.

En algunas situaciones, Dios sana instantáneamente. He visto demasiados milagros instantáneos como para decir que la sanidad siempre lleva tiempo. He estado en muchas naciones y he visto milagros instantáneos suceder ante mis ojos. Por ejemplo, una vez oré por una fila de personas durante una cruzada en Brasil. Todos tenían diversos grados de ceguera. Una tras otra, les impuse las manos y se sanaron al instante. Ni uno solo falló. Desde niños hasta adultos comenzaban a llorar cuando se daban cuenta de que podían ver perfectamente. Recuerdo que después de aquel viaje me llevé a casa sus lentes con graduación como trofeos para la gloria de Dios, porque la gente ya no los necesitaba. En otras cruzadas sanaron personas con oídos sordos, dolores crónicos y pies planos. Docenas de muletas y sillas de ruedas quedaron en el altar. No hace falta decir que he visto demasiados milagros. Nadie podría convencerme de que Dios no sana, ni hace milagros instantáneos y creativos en todo el mundo. Por eso me sorprendió que la sanidad de este accidente de moto tardara mucho más de lo que esperaba.

Por mucho que ame, crea y ore por los milagros instantáneos, no suceden en todas las circunstancias. Aunque si habrá transformaciones de la noche a la mañana, a lo largo de tu caminar, esos momentos siguen siendo parte de un proceso más amplio que Dios quiere recorrer contigo.

El dolor no es algo aislado y exclusivo, sino que afecta muchas áreas de tu vida. Pero aquí está la buena noticia: también lo hace la sanidad. Dios es un creador maravilloso. Creó a los seres humanos, hizo obras maestras increíblemente complejas e interconectadas. Pero eso no significa que la sanidad sea compleja. Cuando sigues la guía del Espíritu Santo y vas paso a paso, la sanidad es sencilla.

## Vivir desde dentro

Lo creamos o no, las raíces de los árboles nos muestran mucho sobre cómo funciona el proceso de sanidad. Las raíces de los robles pueden alcanzar hasta siete veces su diámetro y se extienden hasta tres metros de profundidad. Las raíces son el sistema de almacenamiento de alimentos de los árboles. Por tanto, lo que se almacena en las raíces es responsable de la salud general de estos árboles. Cuando sus sistemas de raíces están sanos, los robles pueden vivir más de 1,000 años.[1]

Del mismo modo, tu salud está directamente relacionada con lo que te aportan tus sistemas de raíz. La mayoría de los dolores, heridas y enfermedades pueden rastrearse a una sola causa. Una vez descubierta y tratada, la sanidad avanza rápidamente. Por ejemplo, la raíz de mi dolor físico por el accidente de moto era la pierna. Sin embargo, en el gran esquema de las cosas, ese no era el problema más profundo. El Espíritu Santo me mostró que la raíz de mi dolor del alma y emocional era el temor. Una vez que descubrí eso, pude combatir directamente una cosa. En lugar de adivinar y luchar contra varios síntomas, pude llegar directamente a la raíz.

A esto se refiere Proverbios 4:23 cuando dice que todo asunto sale del corazón. Una vez que tratas los problemas internos, los resultados externos le seguirán. Hay una cantidad abrumadora de pruebas científicas que lo confirman. En su libro *"Enciende tu cerebro"*, la Dra. Caroline Leaf explica que entre el 75 y el 98 por ciento de las enfermedades mentales y físicas provienen de la vida mental.[2] El Instituto Americano de la Salud estima que entre el 75 y el 90 por ciento de todas las visitas a los médicos de atención primaria se deben a problemas relacionados con el estrés.[3] Cuando estamos en el modo de sobrevivencia donde luchamos o huimos, nuestro ritmo cardíaco aumenta y envía más sangre, energía y fuerza a nuestros músculos que a otras partes de nuestro cuerpo. Dios nos dio esta capacidad para ayudarnos a sobrevivir en situaciones extremas, como huir de un peligro o salvar a nuestros hijos de un peligro. Sin embargo, si estamos en ese estado, consecuentemente no estamos en el estado de sanidad y regeneración. Dios creó nuestros cuerpos con un sistema inmune para que se sanen a sí mismos, así que queremos estar en estado de sanidad y regeneración el 99% del tiempo!

Muchas personas entran en este estado de sobrevivencia emergente, ante situaciones que no son de vida o muerte. Los proyectos del trabajo, las finanzas y la comparación en las redes sociales pueden ponernos en tal estrés que olvidamos que, al final del día, estamos bien. Cuando vivimos en este estado de estrés alto, nuestro sistema inmune se debilita y nos enfermamos con más facilidad. Por eso, hacer el trabajo del corazón es tan transformador. Hemos visto a gente sanar de cáncer en fase cuatro sólo con hacer este proceso. Así de tremendo es el efecto que esto tiene en nuestra salud.

Cuando desbloquees las causas profundas del dolor y la disfunción en tu vida, la sanidad avanzará de verdad. Este no es un descubrimiento que puedas hacer por ti mismo. Trabajar más duro y esforzarte por limpiar tu corazón sólo conduce a la frustración. La clave para encontrar y sanar los problemas de raíz es invitar al Espíritu Santo a las áreas en las que sigues chocando contra un muro.

Para ello, hay que renunciar al control. Si eres como yo, te gusta saberlo todo y controlar el proceso. Este tipo de sentimiento se experimenta cuando vas en un viaje por carretera y alguien más va manejando. En mi opinión, el conductor va demasiado rápido o demasiado lento, no se detiene a tomar suficientes descansos o a comprar café, o toma una ruta que no tiene sentido. Hay una compulsión muy dentro de nosotros que quiere elegir nuestro destino y dirección. Con Dios, no estamos a cargo de ninguno de los dos. En el proceso de sanidad, debemos llegar al final de nosotros mismos y pedir humildemente a Dios que nos guíe. Cuando lo hacemos, Él promete dirigir nuestros caminos. Según el Salmo 32:8, "El Señor dice: 'Yo te guiaré por el mejor camino para tu vida. Te aconsejaré y velaré por ti". Jesús prometió que el Espíritu Santo "os guiará a toda la verdad" (Juan 16:13).

Siguiendo con la metáfora del viaje por carretera, el camino de Dios rara vez va del punto A al punto B. En cambio, hay muchas paradas en lugares que no estaban en tu plan original. Puede que vayas de Arizona a Colorado, pero Dios te llevará a un día de playa en San Diego, a un rodeo en Texas y a un pueblecito de Utah que no sabías que existía. Lo inesperado forma parte de la aventura, y esto es especialmente cierto en el proceso de sanidad.

Como ya hemos comentado, nuestra sanidad suele estar conectada a una causa de raíz que va más profundo de lo que pensábamos. Sin embargo, no sabemos lo lejos o lo profundo que llega esa raíz. Estamos conectados a ella de una manera que no es notable a simple vista. Cuando trabajes en tu corazón, probablemente te sorprenderá lo que surja. Pensarás que estás tratando algo que surgió hace dos meses cuando en realidad empezó hace 20 años.

Así que, para sanar una cosa que estás experimentando hoy, Dios podría llevarte a otras raíces que no sabías que estaban conectadas con el asunto principal. Por eso es tan importante la guía del Espíritu Santo. Dios quiere sanar cada lugar quebrantado en tu vida hasta que tu corazón esté entero y completo. Él es el Dios de victoria total. Sin embargo, debes hacer tu parte para recibirlo. Después de todo, Jesús ya lo pagó todo.

## Limpiando Tu Terreno

Alrededor del año 1400 A.C., Dios concedió a su pueblo elegido, los Israelitas, la tierra más privilegiada del mundo antiguo. Esta tierra era tan fructífera que se decía que manaba leche y miel. Los Israelitas no podían atribuirse el mérito de la abundancia. Deuteronomio 6:10-11 dice:

> *Es una tierra con grandes y prósperas ciudades que tú no construiste. Las casas estarán ricamente abastecidas de bienes que ustedes no produjeron. Sacaréis agua de cisternas que no cavasteis, y comeréis de viñas y olivos que no plantasteis.*

Aunque la Tierra Prometida era un regalo de gracia, los Israelitas tenían un papel que desempeñar al recibirla. Dios les dio instrucciones claras y coherentes sobre lo que debían hacer cuando entraran en la Tierra Prometida. Una de las instrucciones principales de acción inmediata era limpiar la tierra de sus habitantes. Dios dijo en Números 33:51-53:

> *Da las siguientes instrucciones al pueblo de Israel: Cuando cruces el río Jordán hacia la tierra de Canaán, debes expulsar a todos los pueblos que viven allí. Debes destruir todas sus imágenes talladas y fundidas y demoler todos sus santuarios paganos. Tomad posesión de la tierra y estableceos en ella, porque yo os la he dado para que la ocupéis.*

Por qué les pediría Dios que hicieran esto? Bueno, para empezar, los pueblos que vivían en la Tierra Prometida (cananeos, amorreos, hititas, jebuseos, heveos, ferezeos y gergeseos) eran malos. Eran inmorales, servían a otros dioses y ofrecían sacrificios de niños. Dios sabe la facilidad con la que influye la cultura de un lugar a los seres humanos. Advirtió a los Israelitas que si no expulsaban a los habitantes de la tierra serían "como astillas en vuestros ojos y espinas en vuestros costados. Os acosarán en la tierra donde vivís" (Números 33:55-56). En otras palabras, serían un enorme dolor de cabeza para Israel!

Desgraciadamente, aunque Dios fue tan claro en sus instrucciones, los Israelitas fueron de poca acción en obedecer. No expulsaron a todos los habitantes originales de la Tierra Prometida, por lo que estos habitantes corrompieron a los Israelitas durante varias generaciones. Los Israelitas siempre lucharon con esto. Nunca fueron capaces de seguir a Dios de todo corazón. Habían pecado, desobedecido y se habían amoldado mucho al mundo y cultura de esos pueblos que les rodeaba. Se casaron con mujeres de la tierra y continuaron mezclándose con naciones y reinos que no adoraban al Señor. Consecuentemente, adoptaron muchas de sus mentalidades, prácticas, estilos de vida, y vivieron una vida menos que abundante debido a su infidelidad y desobediencia a Dios. Siempre digo, no puedes obedecer a alguien en quien no confías, y cuando te ves obligado a hacerlo, se convierte en abuso. Los Israelitas no confiaban plenamente en Dios. Pensaban que les negaba su bondad, así que desobedecían constantemente. Durante el período de los jueces y luego de los reyes, los Israelitas tuvieron constantes batallas con sus enemigos. El rey David fue uno de los reyes buenos, y continuó limpiando la tierra de enemigos como los jebuseos.

2 Samuel 5:6 dice que David, "Condujo a sus hombres a Jerusalén para luchar contra los jebuseos, los habitantes originales de la tierra que vivían allí".

La palabra *jebuseos* se traduce como "los que hollaron; contaminaron". Evidentemente, los malos caminos de los jebuseos contaminaban a Israel y pisoteaban a la gente que vivía allí, haciéndoles más difícil seguir al Señor. Cuando se tolera algo, se le da poder. David sabía que los jebuseos tenían que irse o seguirían creciendo. 2 Samuel 5:7 documenta su éxito: "Pero David capturó la fortaleza de Sión, que ahora se llama Ciudad de David".

## Destruyendo Fortalezas

Para que los Israelitas disfrutaran plenamente de los planes de Dios para ellos en la Tierra Prometida, ellos tenían que limpiarla de todos y todo lo que se opusiera a Dios. Nuestros corazones son similares. Piensa en ello. Tenemos acceso al Reino de los Cielos y la autoridad para traerlo a la tierra (Mateo 16:19). Sin embargo, muchos cristianos renuncian a ese derecho y dejan que el enemigo los pisotee en su propia tierra.

La Biblia deja claro que todo el que pertenece a Cristo, ha sido hecho una persona nueva (2 Corintios 5:17). Sin embargo, todo cristiano sabe que nuestra naturaleza antigua no desaparece automáticamente cuando aceptamos a Jesús en nuestro corazón. Nuestro espíritu nace de nuevo, esta vez de la semilla incorruptible (1 Pedro 1:23), y se hace uno con el Espíritu Santo (1 Corintios 6:17), y es perfecto, no le falta nada. Sin embargo, Romanos 12:2 nos dice que una de las maneras en que experimentamos la transformación y conocemos el plan y la perfecta voluntad de Dios para nosotros, es a través de la renovación de nuestra mente. Esto significa que aún necesitamos ser transformados, perfeccionados y madurados. Hay un camino que recorrer con el Espíritu Santo. Necesitamos de Él. Es por eso que necesitamos tener una relación personal, no una religión. Si tengo una religión, tengo un libro de reglas; pero si tengo una relación, tengo a alguien que camina conmigo cada día y en cada situación de mi vida.

Cuando nacemos de nuevo, es posible que sigamos luchando con el mismo pecado, adicciones y patrones de pensamiento que antes. Por lo tanto, la clave es reconocer que hay un proceso de transformación que necesitamos iniciar, con la guía del Espíritu Santo, para expulsar a los habitantes originales de la tierra de nuestros corazones.

Permítanme desglosar este proceso de forma sencilla. Los pensamientos se convierten en semillas para nuestro corazón. Para experimentar la transformación del corazón en lugar de una mera modificación del comportamiento, tenemos que empezar a cambiar la manera en la que pensamos. Al mismo tiempo, tenemos que empezar a identificar los lugares donde nos parece más difícil alinearnos con la Palabra de Dios y experimentar o ver que se manifieste. Esto realmente nos dará una pista de los lugares donde tenemos fortalezas. De esta manera, no estaremos yendo en una búsqueda inútil. En vez de eso, seremos guiados por el Espíritu e iremos observando el fruto en nuestras vidas. Así es, observaremos la evidencia, los patrones, los ciclos y los hábitos que no nos gustan y que nos están robando de vivir la vida abundante.

Te voy a poner un ejemplo muy simple. Si alguna vez has perdido el control remoto de tu avanzada televisión inteligente, puede que entiendas mi ejemplo. Estás desesperado y no quieres pagar 100 dólares por un reemplazo original, así que compras uno genérico y barato en Walmart. Después de diez horas de programarlo al televisor, los únicos botones que funcionan son el de encendido y el del volumen! El resto de las funciones avanzadas no son compatibles entre tu súper televisión y el control genérico de Walmart. El control remoto genérico no puede mandar la señal correcta a la televisión para realizar todas las funciones avanzadas con las que ha sido equipada. Así es cuando naces de nuevo. Tú tienes un nuevo y poderoso Espíritu perfecto (el mismo Espíritu que levantó a Jesús de entre los muertos), la autoridad del nombre de Jesús, y el permiso de Jesús mismo para hacer "obras mayores que éstas» (Juan 14:12 RV). Sin embargo, tu sistema de creencias actual no es totalmente compatible con este poderoso Espíritu Santo. Puedes hacer algunas cosas, pero todavía no tienes acceso a todas las funciones sobrenaturales que tienes dentro de ti. Todavía estás siendo transformado. No puedes simplemente escribir la palabra *Wifi* o *YouTube* en el botón y esperar que funcione. Mucha gente intenta hacer esto en la vida real y espera que funcione, pero es sólo un conocimiento superficial de la mente. La nueva creencia tiene que ser programada en el corazón para que pueda manifestar lo que Dios ya nos dio a través de Jesús y el precioso Espíritu Santo viviendo dentro de nosotros.

Cuando cambiamos nuestra forma de pensar acerca de algo y realmente lo creemos, y luego lo vemos rápidamente manifestado, es porque probablemente no teníamos ninguna creencia opuesta arraigada profundamente sobre ese asunto. Pero cuando no vemos la manifestación después de cambiar la forma en que pensamos acerca de algo, lo más probable es que creamos en ello, pero tenemos algunas creencias opuestas más profundas dentro de nuestros corazones con respecto a ese asunto. Estas creencias opuestas, a veces desconocidas, son las fortalezas de las que estamos hablando. Cómo nos enfrentamos a ellas? Según el apóstol Pablo, es guerra!

> *Somos humanos, pero no hacemos la guerra los humanos. Usamos las poderosas armas de Dios, no las armas mundanas, para derribar las fortalezas del razonamiento humano y destruir los falsos argumentos. Destruimos todo obstáculo orgulloso que impide que la gente conozca a Dios. Capturamos sus pensamientos rebeldes y les enseñamos a obedecer a Cristo* (2 Corintios 10:3-5).

Según las Escrituras, las fortalezas son obstáculos que nos impiden conocer la verdad y a Dios. *La Concordancia Exhaustiva de* Strong *de la Biblia* define una fortaleza como: "Un castillo o fortaleza; cualquier cosa en la que uno se apoya" (Strong's G3794). En el mundo antiguo, la gente se escondía en fortalezas en tiempos de guerra. Eran lugares de protección difíciles de derribar. Las fortalezas también se disimulaban, para que al enemigo le costara localizarlas. Del mismo modo, todos hemos construido "fortalezas de razonamiento humano" que están tan escondidas que ni siquiera sabemos que existen. Sin embargo, son tan fuertes que inconscientemente dirigen la mayoría de nuestras decisiones y pueden obstaculizar nuestros avances.

Las fortalezas son un conjunto de pensamientos que coinciden en algo. Cada pensamiento o acontecimiento que lo confirma añade un ladrillo a la fortaleza, aunque sea una evidencia falsa. Digamos que alguien te dijo que eras un error cuando eras niño. Luego, tus padres se divorciaron, y el enemigo susurró la mentira: "Ves? No eres suficiente para que tu padre se quede". A medida que sucedían otros acontecimientos normales en tu vida --no te eligieron para el equipo, un profesor olvidó tu nombre, o un amigo te rechazó- comenzaste a añadir más ladrillos a la fortaleza. Con el tiempo, esa fortaleza empezaría a crecer en piloto automático, y tú mismo encontrarías pruebas para apoyar la mentira. Cuando ocurren cosas insignificantes, como que a un buen amigo se olvidó enviarte un mensaje de texto o regresarte la llamada, y tu asignas automáticamente la evidencia falsa a la fortaleza que has estado construyendo desde que eras un niño.

He aquí un ejemplo de cómo construí (y derribé) una de las fortalezas más significativas de mi vida. Crecí en Ciudad de México. Mi padres y la infancia fueron maravillosos, pero pasamos apuros económicos. La carencia que experimenté de adolescente se convirtió en una mentalidad de escasez. Siempre tenía miedo de no tener suficiente. Me resultaba difícil celebrar las bendiciones y los ascensos de los demás porque no me daba cuenta de que había suficiente para todos. Cuando otra persona recibía una bendición, pensaba que la mía había desaparecido. Cuando surgía un gasto inesperado, el miedo y la ansiedad no tardaban en aparecer. La mentalidad de escasez se convirtió en una fortaleza que filtraba mi forma de ver el mundo y, lo que es más importante, mi forma de ver la voluntad de Dios de proveer para mí.

Como los sistemas de raíces, las fortalezas crecen más profundamente y se extienden más a medida que las alimentas con nueva información y creencias. Si tú estás arraigado en la Palabra de Dios, puedes desarrollar fortalezas saludables que mantienen a Dios cerca y al enemigo lejos. Sin embargo, si estás arraigado en la sabiduría del mundo y encuentras protección lejos de Dios, se hace cada vez más difícil experimentar Su presencia y Sus promesas.

Recuerda, tú tienes el poder de "capturar tus pensamientos rebeldes y enseñarles a obedecer a Cristo". Es importante notar que la escritura dice "tus" pensamientos rebeldes. Tú tienes la mente de Cristo (1 Corintios 2:16). Los pensamientos que se oponen a la Palabra de Dios no te pertenecen; son del enemigo. Sin embargo, veo que muchos cristianos cometen el error de identificarse con los pensamientos rebeldes, como si ellos fueran los que los pensaron en primer lugar! Aquí hay varios ejemplos que he escuchado de amigos y personas en mi iglesia:

- No merezco cosas buenas.
- El miedo siempre formará parte de mi vida.
- Soy demasiado emocional y demasiado trabajo para los demás.
- Tengo mala suerte o incluso estoy maldito. Todo lo que toco se rompe.
- Nunca tengo tiempo suficiente.
- Todo el mundo me rechaza.
- Soy pobre y lo seré siempre.
- Estoy enfermo y mi salud va a empeorar.
- No puedo tener lo que otros tienen. Debo mirar de reojo mientras otros triunfan. Dios lo hará por otros, pero no por mí.

Tu construyes fortalezas cuando ensayas repetidamente pensamientos rebeldes. Puedes saber cuando un pensamiento negativo se ha convertido en una fortaleza cuando crees que es verdad en el fondo de tu corazón. En otras palabras, sabes que estas atrapado en una mala fortaleza cuando no puedes distinguir entre los habitantes de la tierra y tú mismo. El proceso del que hablaremos en el resto de este libro -oración, meditación y declaración- es cómo reconoces y te liberas de esas fortalezas.

Cuando el Espíritu Santo reveló mi mentalidad de escasez, empecé a sustituir las mentiras por la verdad. Me di cuenta de que Dios siempre me había dado todo lo que necesitaba, y que siempre lo hará. Versículos como Filipenses 4:19 (NVI) hablaron a mi corazón: "Y mi Dios suplirá todas vuestras necesidades conforme a las riquezas de su gloria en Cristo Jesús". Aprendí que cuando Dios bendice a otra persona, significa que Él puede y quiere hacer lo mismo por mí. Hechos 10:34 (RV) me ayudó a solidificar esta verdad en mi mente: "Dios no hace excepción de personas".

Esta transición no fue automática. Había una tensión entre mis antiguos patrones de pensamiento y la persona en la que quería convertirme. En realidad, era una contradicción entre la nueva revelación y las creencias del corazón que había construido a lo largo de mi vida. En el umbral entre una mentalidad nueva y una vieja, debes hacer una elección consciente. Quieres sanar, o quieres permanecer en la fortaleza del enemigo?

## Resumen del capítulo

- La Biblia nos dice que los asuntos de la vida fluyen de nuestros corazones. Si tu corazón está herido, tendrá un impacto negativo en tu cuerpo. Recuerda que el 98% de las enfermedades provienen de los pensamientos.
- Muchos de tus problemas de salud pueden tener su origen en problemas del corazón, como mentalidades, las creencias subconscientes, los traumas o las memorias negativas. Una vez que el problema real del corazón se trata y se sana, la sanidad física avanza a un ritmo rápido.
- A veces se puede pensar que la raíz del problema es algo reciente, pero luego descubres que las raíces se remontan a años, incluso décadas atrás.

- Cuando experimentamos ciclos tóxicos, patrones destructivos, situaciones de auto-sabotaje a lo largo de los años, a menudo se debe a una fortaleza que se opone directamente a las promesas de Dios para nosotros.
- Lo que toleras en tu vida lo empoderas y crece. Si no enfrentas a los "itas" (los habitantes de tu tierra) de tu corazón, acabarán mordiéndote por detrás.
- Haz cautivos los pensamientos negativos antes de que lleguen a tu corazón. A menudo, los pensamientos negativos no son tuyos. Son plantados por el enemigo que quiere robar la Palabra de Dios de la tierra de tu corazón.

## Activar: Examina tus raíces

Escribe los traumas, ciclos y situaciones de auto-sabotaje que conozcas en tu propia vida.

Escribe las cosas que sabes que no son bíblicas, pero que continúas haciendo aunque no quieras.

Escribe qué cosas crees que son los habitantes de tu tierra: las cosas que has tolerado y que deberías haber aniquilado?

## Notas

1 Better Place Forests, "Trees That Live the Longest," https://www.betterplaceforests.com/blog/trees-that-live-the-longest.

2 Dra. Caroline Leaf, *Switch on Your Brain: The Key to Peak Happiness, Thinking, and* Health (Grand Rapids, MI: Baker Books, 2013), 33.

3 The American Institute of Stress, "America's #1 Health Problem" https://www.stress.org/americas-1-health-problem.

# CAPÍTULO 4

# UNA BATALLA DIFERENTE

La guerra ya no es lo mismo que solía ser.

En el siglo I, los soldados luchaban con lanzas y espadas.

En 1861, el uso generalizado de rifles, torpedos y la telegrafía durante la Guerra Civil estadounidense le dio el sobrenombre de "Primera Guerra Moderna".[1]

En 1945, la guerra cambió para siempre cuando se lanzaron las primeras bombas nucleares sobre Hiroshima y Nagasaki (Japón) en la Segunda Guerra Mundial.

Desde entonces, el auge de la tecnología ha creado un campo de batalla aún más insidioso y difícil de delimitar. En el documento del ejército estadounidense "The Strategic Environment", los mandos explican que "los campos de batalla se están ampliando a todos los dominios, escalas geográficas y tipos de actores".[2] En otras palabras, la lucha ya no es sólo en tierra, mar y aire. Algunas amenazas no llevan armas, y hay peligros que no podemos ver con nuestros ojos. A medida que evoluciona la tecnología, aumenta la demanda de guerra cibernética, robótica y electrónica. La ciberseguridad, la inteligencia artificial y la tecnología de la información son campos en expansión en el ejército. Un buen plan de batalla en el pasado implicaba anticiparse al ataque del enemigo y prepararse para invadirlo desde varios ángulos. Nuestro campo de batalla moderno requiere un enfoque más multidimensional.

La guerra multidimensional es relativamente nueva en el mundo natural, pero ha existido en el reino espiritual desde el principio de los tiempos. Efesios 6:12 dice: "Porque no luchamos contra enemigos de carne y hueso, sino contra poderes malignos y autoridades del mundo invisible, contra potestades en este mundo de tinieblas y contra los espíritus ...".

malignos en los lugares celestiales". Si este proceso de sanar tu corazón se ha sentido difícil o francamente imposible a veces, hay una buena razón. Estas en un campo de batalla, y la guerra es por tu corazón.

A menos que estés en las fuerzas armadas supongo que no pasas mucho tiempo pensando en cómo prevenir la guerra o amenazas terroristas. Eso es cosa de otros. Sin embargo, no podemos permitirnos ser ignorantes de la guerra espiritual que el enemigo libra contra nosotros cada día. Para expulsar las antiguas creencias de la tierra, debes estar armado y preparado.

En este capítulo, discutiremos cómo renovar tu mente con la Palabra de Dios. Al igual que un verdadero soldado, uno de los primeros pasos para elaborar un plan de batalla es examinar el campo de batalla. Estamos luchando contra una corriente cultural que el enemigo está usando para su ventaja.

Como humanos, somos seres tripartitos: somos un espíritu, tenemos un alma y vivimos en un cuerpo. Sin embargo, la mayoría de las veces, sólo nos centramos en el cuerpo. Si has estado a dieta, sabes hasta qué punto el cuerpo puede apoderarse de las otras dos partes. Si dejas los dulces o cortas el café de golpe, tu cuerpo te hablará y tratará de convencerte de que cedas. Por eso es tan importante tomar decisiones basadas en la sabiduría bíblica y la guía del Espíritu Santo, especialmente cuando la cultura nos dice que definamos la realidad basándonos en nuestras preferencias o emociones. Necesitamos alinear nuestra conciencia a los reinos espiritual y del alma.

Oseas 4:6 (RV) dice: "Mi pueblo es destruido por falta de conocimiento". La Nueva Traducción Viviente dice: "Mi pueblo está siendo destruido porque no me conoce". Hoy en día, los cristianos están siendo destruidos porque no conocen al Espíritu Santo y son ignorantes del reino espiritual.

El diablo no se rindió ante ti cuando te salvaste; se redobló. El vio a Jesús caminando en la tierra, así que él sabe lo que un creyente (mucho menos millones de ellos) lleno del Espíritu Santo puede hacer. Eso lo asusta porque se va a jubilar anticipadamente si empezamos a ejercer nuestra autoridad. Al enemigo no le preocupa que asistas a la iglesia. Lo que realmente le asusta es cuando te llenas del Espíritu Santo y te das cuenta de quien Dios dice que eres. El realmente empieza a sudar cuando empiezas a creer como Jesús. Tristemente, muchos creyentes son creyentes incrédulos, lo que significa que no están creyendo correctamente.

Puede que conozcan las respuestas bíblicas correctas, pero no las creen. El diablo tampoco se preocupa por lo que sabes, pero sí por lo que crees, porque ahí es cuando empiezas a manifestar el cielo en la tierra!

Juan 10:10 llama al diablo ladrón cuyo único propósito es robar, matar y destruir. El enemigo quiere alejarte de Dios y robar todo lo bueno de tu vida. Él no quiere que vivas en paz, que experimentes gozo, o que sepas lo poderoso que eres. Quiere que estés triste, atado, enfermo, quebrado y ansioso, y ha tramado malvados planes para que eso suceda. Vienen en forma de cimientos fuertes como lo discutimos en el capítulo pasado. El diablo también roba a través de la mentira. Si te hace creer cosas equivocadas, te roba las cosas correctas porque no puedes tener lo que no crees. A tantas personas les han robado su salud porque ellos creyeron la mentira del enemigo, que Dios les dio la enfermedad o que la sanidad no es para ellos.

Afortunadamente, Dios nos ha dado armas infalibles que "tienen poder divino para demoler fortalezas" (2 Corintios 10:4 NVI). Puedes destruir, desarraigar, derribar y echar abajo toda mentira y maquinación que el enemigo urda contra ti. 2 Corintios 10:5 (NVI) continúa diciendo: "Derribamos argumentos y toda pretensión que se levanta contra el conocimiento de Dios, y llevamos cautivo todo pensamiento para hacerlo obediente a Cristo".

El enemigo ha emprendido una guerra contra nuestros pensamientos, y el campo de batalla está en nuestra mente. Por lo tanto, nuestro plan de batalla es:

1. Hacer un inventario sistemático de nuestros pensamientos y emociones
2. Identificar las mentiras

3. Desmentir, rechazar las mentiras y renunciar a los acuerdos previos con ellos
4. Sustituir las mentiras por la verdad bíblica

Nuestros pensamientos pueden abrir o cerrar puertas; pueden resistir al enemigo o darle un punto de apoyo en nuestras vidas. Por eso, el objetivo es captar los pensamientos rebeldes antes de que lleguen al corazón. Al principio, estos pensamientos pueden no parecer fuera de lo común. El diablo no tienta con deseos que son completamente fuera de lo común. Si nunca has robado nada en tu vida, no creo que pierda su tiempo tratando de tentarte con la idea de robar un banco. El diablo no viene a una persona sana y sobria tratando de convencerla de que consuma metanfetaminas. No!

En cambio, la tentación ocurre un compromiso a la vez. Digamos que aparece una foto sugerente en las redes sociales y te quedas mirando demasiado tiempo. Una semana después, sientes el impulso de buscar imágenes similares en Internet. Si sigues cediendo a tentaciones similares, la pista te lleva a ver cosas que nunca habrías considerado ver antes de que apareciera esa primera foto. Cada vez que cedes, el sentimiento de vergüenza aumenta. Puedes cortar la vergüenza de raíz reconociendo que, para empezar, esos pensamientos rebeldes nunca fueron tuyos.

Qué quiero decir con esto? El enemigo te lanza dardos de fuego en forma de pensamientos. Estos pensamientos negativos, temerosos y pecaminosos cruzan tu mente, y si piensas que son tus pensamientos, entonces el diablo te acusa de tenerlos y trae vergüenza y condenación. Los dardos de fuego pueden seguir viniendo, pero recuerda que tienes la mente de Cristo. Por lo tanto, esos pensamientos no son tuyos, así que no estés de acuerdo con ellos.

## El poder de su acuerdo

Los pensamientos negativos no vienen de Dios, y a menudo tampoco vienen de ti. Las mentiras vienen del diablo, y tú puedes elegir si estás o no de acuerdo con ellas. Esto es lo que Jesús dijo sobre el diablo:

> *Fue un asesino desde el principio. Siempre ha odiado la verdad, porque no hay verdad en él. Cuando miente, es coherente con su carácter; porque es mentiroso y padre de la mentira* (Juan 8:44).

Por lo tanto, ser capaz de discernir la voz de Dios de la voz del enemigo es crucial. Ante todo, el enemigo atacará la forma en que tu te ves a ti mismo. Su estrategia se expone en Génesis 3 cuando tentó a Eva en el Jardín del Edén. Implica:

## Engaño

Lo primero que hizo el enemigo fue hacer que Eva cuestionara la bondad de Dios. Le preguntó: "Realmente dijo Dios que no comieras del fruto de ninguno de los árboles del jardín?" (Génesis 3:1). (Génesis 3:1), como si Dios le estuviera ocultando algo bueno.

## Desempoderamiento

Después, el enemigo hizo que Eva se cuestionara su identidad. Le dijo: "Serás como Dios", cuando ella ya estaba hecha a su imagen y semejanza (Génesis 3:5).

## División

Eva cedió a la tentación, y ella y Adán fueron desterrados del Jardín del Edén (Génesis 3:23). La estrategia del diablo siempre tratará de aislarte de Dios y de la gente.

El enemigo planta pensamientos en nuestras mentes de la misma manera que los ladrones plantan pruebas falsas. Entonces, te engañará haciéndote creer que tú ideaste el pensamiento y que tú eres el malo. Por ejemplo, el enemigo plantará una idea como "Acuéstate con quien sientas ganas; todo el mundo lo hace". En respuesta, tu puedes pensar: "Huh, tal vez el sexo fuera del matrimonio no es tan grave como lo hicieron ver en la iglesia. Podría ser divertido". Entonces, aunque no actúes en consecuencia, sientes vergüenza como si el pensamiento original fuera tuyo, y te quedas con la idea como si lo fuera. Y para empeorar las cosas, lo asocias a tu identidad y empiezas a pensar en ti mismo como un adúltero y un pervertido.

Tu acuerdo tiene poder. Cada vez que tú estás de acuerdo con un pensamiento que no se alinea a la Palabra de Dios, tu añades otro ladrillo a una fortaleza que protege las mentiras y mantiene fuera la verdad. Piensa en eso. Cuando estás de acuerdo con alguien, tienes algo en común con él. Por eso es crucial estar de acuerdo con la voz de Dios, no con la del enemigo. Eres hijo de Dios, lo que significa que ninguna otra voz debe definirte excepto la Suya.

Jesús dijo cosas que nos dan poder, nos dijo cómo nos veía y lo que podíamos hacer, como éstas:

> *Te daré las llaves del Reino de los Cielos* (Mateo 16:19).
>
> *Os aseguro que el que crea en mí hará las mismas que yo he hecho, e incluso mayores, porque yo voy a estar con el Padre* (Juan 14,12).
>
> *Pídeme cualquier cosa en mi nombre, y yo lo haré!* (Juan 14:14)

Nuestro plan para vencer las estrategias del enemigo empieza por cambiar nuestra forma de pensar. En lugar de conformarnos con una cultura que se aleja cada vez más de la realidad, estamos llamados a reclamar la verdad. En lugar de identificarnos con la tristeza y el pesimismo, somos personas que creen en lo mejor y renuevan su mente con esperanza.

Estás apartado para la gloria de Dios. Volvamos a Romanos 12:2, que dice: "No copies el comportamiento y las costumbres de este mundo, sino deja que Dios te transforme en una persona nueva cambiando tu manera de pensar. Entonces aprenderás a conocer la voluntad de Dios para ti, que es buena, agradable y perfecta". La Nueva Versión Reina Valera dice: "Transformaos por medio de la renovación de vuestra mente".

La palabra griega para *renovar* es *anakainōsis*, y una de sus traducciones es, "un cambio completo para mejor" (Strong's G342). Los traumas del pasado, la vergüenza o las memorias y patrones de pensamiento destructivos no tienen que definirte para siempre. Puedes cambiar completamente y conocer la perfecta voluntad de Dios para tu vida. La pregunta es, cómo?

En pocas palabras, renovar la mente es tan sencillo como sustituir las mentiras y la negatividad por verdades bíblicas que dan vida. Tanto las Escrituras como la ciencia respaldan este hecho.

## La ciencia de la renovación mental

Cuando Dios te creó, programó en tu biología el poder de renovar tu mente. Dos realidades científicas, la neuroplasticidad y la epigenética, lo demuestran. La neuroplasticidad es la forma en que nuestro cerebro crece y cambia constantemente a nivel estructural. La base de datos de investigación sanitaria Physiopedia explica que la neuroplasticidad es "la capacidad permanente del cerebro de cambiar y reconfigurarse en respuesta a la estimulación del aprendizaje y la experiencia".[3] En otras palabras, lo que más pensamos y practicamos crecerá y ocupará espacio mental en nuestro cerebro.

Supongamos que quieres convertirte en un experto pintor. A medida que practiques tu oficio con constancia, tu cerebro crecerá y se desarrollará. La neuroplasticidad trabajará a su favor y sus cuadros se convertirán en obras maestras. Por otro lado, la neuroplasticidad puede jugar en tu contra. Supongamos que vives un acontecimiento traumático y le das vuelta una y otra vez. A medida que lo hagas, esa memoria se irá introduciendo más profundamente en tu cerebro, convirtiéndose en el filtro principal y desordenando las funciones normales. Los pensamientos, acciones y reacciones internas tienen poder externo. En su libro *Live No Lies*, el pastor John Mark Comer lo explica así: "Cuando creemos mentiras -ideas que no concuerdan con la realidad del diseño sabio y amoroso de Dios- y luego, trágicamente, abrimos nuestros cuerpos a esas mentiras y las dejamos entrar en nuestras memorias musculares, permitimos que un cáncer ideológico infecte nuestras almas. Vivimos en desacuerdo con la realidad y, como resultado, luchamos por lograr prosperar".

Un fascinante campo llamado epigenética ilustra aún mejor este punto. Según la definición de los Centros para el Control y la Prevención de Enfermedades (CDC), la epigenética es el estudio de cómo el comportamiento y el entorno pueden provocar cambios que afectan al funcionamiento de los genes. Las decisiones que tomas y los pensamientos que tienes pueden activar o desactivar los genes. Según la Dra. Caroline Leaf, esta revelación científica demuestra, en cierto sentido, tenemos el poder de "hacer nuestra propia cirugía cerebral". Aunque tengamos una predisposición genética a ciertas enfermedades o problemas de salud mental, podemos desactivar esos genes con nuestros pensamientos y comportamientos. Esto explica por qué los gemelos idénticos pueden tener diferencias, como la forma en que uno puede desarrollar un trastorno bipolar y el otro no. Así lo explica la Dra. Caroline Leaf:

> Tienen el mismo genoma, por lo que deberían responder de la misma manera, pero su percepción individual del mundo y su capacidad de elección hacen que piensen y reaccionen de forma diferente, lo que altera su expresión genética. Aunque sus genes sean los mismos, sus patrones de expresión pueden modificarse a través de una señal. Y esta señal se ve afectada principalmente por nuestra reacción a los acontecimientos y circunstancias de la vida.

Tus pensamientos, reacciones y decisiones tras ser determinados acontecimientos de tu vida pueden activar o desactivar cualquier cuestión generacional a la que puedas estar predispuesto. Este descubrimiento tiene importantes implicaciones. La neuroplasticidad significa que podemos esperar con confianza que Dios transforme totalmente nuestra forma de pensar. La epigenética demuestra que podemos experimentar una sanidad profunda en las áreas que pensábamos que siempre serían dolorosas y oscuras.

Por eso es importante renovar la mente. Tus pensamientos determinarán tu salud y afectarán la salud de tus seres queridos. Tomar autoridad sobre tus pensamientos es lo que te dará poder para experimentar la plenitud de los planes, propósitos y promesas de Dios para tu vida.

Durante el resto de este libro, vamos a profundizar en cómo sanar tu corazón y tus creencias subconscientes más profundas renovando tu mente a la Palabra de Dios. Esta receta tiene tres componentes simples: oración, meditación y declaración. Por lo tanto, el siguiente capítulo se enfocará en cómo desarraigar, destruir, derribar y derrocar cualquier cosa que se oponga a la Palabra de Dios a través de la oración. Aprenderás a identificar las fortalezas y habitantes en tu tierra a través del poder del Espíritu Santo.

## Resumen del capítulo

- En nuestra cultura proliferan ideas y valores que se oponen a la Palabra de Dios.
- Según Efesios 6:12, estamos en una guerra espiritual. La batalla comienza en nuestras mentes.
- Nuestros pensamientos pueden abrir o cerrar puertas; pueden resistir al enemigo o darle un punto de apoyo en nuestras vidas. Por eso, el objetivo es capturar los pensamientos rebeldes antes de que lleguen a nuestro corazón.
- A menudo, los pensamientos negativos y las mentiras no se originan en nosotros. El enemigo los planta en nuestras mentes, pero tenemos la opción de estar o no de acuerdo con ellos. Cada vez que tú estás de acuerdo con un pensamiento que no se alinea con la Palabra de Dios, estas añadiendo otro ladrillo a una fortaleza que mantiene fuera la verdad y estás haciendo un acuerdo con el diablo, el padre de la mentira, y permitiendo que sus palabras tengan autoridad sobre tu vida en lugar de las de Dios.
- Nuestra estrategia contra los planes del enemigo empieza por cambiar nuestra forma de pensar. En lugar de conformarnos a una cultura que se aleja cada vez más de la verdad, estamos llamados a amar y seguir la verdad. El nombre de la verdad es Jesús (Juan 14:6).

- El estudio de la neuroplasticidad y la epigenética han revelado que Romanos 12:2 es literal. Podemos detener las maldiciones generacionales cambiando nuestra forma de pensar: Dios puede ayudarnos a transformar totalmente nuestro sistema de creencias! Como resultado, podemos volver a estar completos y vivir como si el trauma, el dolor y los hábitos tóxicos de toda la vida nunca hubieran ocurrido.

## Activación: Hacer inventario

Hazte las siguientes preguntas y escribe las respuestas.

1. Cuáles son los pensamientos negativos principales que tienes sobre ti mismo a diario?
2. Si no vinieron de Dios, probablemente vinieron del enemigo. Con cuál de estos pensamientos estás de acuerdo?
3. Identifica los pensamientos o mentalidades repetidas en tu vida que no te están sirviendo.

## Notas

1 Virginia Museum of History & Culture, "The First Modern War?" https://virginiahistory.org/learn/first-modern-war.

2 U.S. Army, "The Strategic Environment" https://www.army.mil/publications.

3 Physiopedia, "Neuroplasticity," https://www.physio-pedia.com/Neuroplasticity.

## CAPÍTULO 5

# ORANDO PARA DESARRAIGAR

Jeremías 1:9-10 dice: "Mira, he puesto mis palabras en tu boca! Hoy te nombro para que te enfrentes a naciones y reinos. A unos los *desarraigarás* y *derribarás, destruirás* y *derrocarás*. A otros los edificarás y plantarás".

Como vimos en el capítulo 2, este pasaje incluye cuatro palabras de demolición y preparación (desarraigar, derribar, derrocar y destruir) y sólo dos palabras constructivas (plantar y edificar). Preparar el lugar donde vamos a construir es a menudo más importante que comenzar el proceso de construcción. Antes de empezar a construir y plantar semillas, hay que preparar el terreno. Entonces, supongamos que tu no estas experimentando sanidad o recibiendo las promesas de Dios en un área de tu vida. En ese caso, probablemente tenga más que ver con una fortaleza, creencia tóxica o mentalidad negativa que no haz desarraigado, que con una acción que no haz realizado.

Podemos recibir una nueva revelación de la Palabra de Dios y comprenderla conscientemente en nuestro intelecto. Sin embargo, si queremos que la revelación nos transforme y nos moldee, debemos plantarla tan profundamente que nos afecte a nivel del corazón, en otras palabras, que se convierta en una segunda naturaleza para nosotros. Cuando una nueva revelación echa raíces y desplaza una creencia tóxica anterior, verás sus efectos en tres niveles:

1. Tu forma de pensar
2. Tu forma de hablar
3. Tu forma de reaccionar

Así es, la revelación se integrará tanto en tu vida que cambiarás a nivel subconsciente. Verás su fruto al observar los cambios en tus reacciones predeterminadas. Jesús reiteró que con cada sermón e historia que enseñaba, una en particular era crucial para entenderlas todas. Hemos llegado a conocerla como la Parábola del Sembrador, e ilustra cómo vivir una vida fructífera y con sentido.

> *Escucha! Un agricultor salió a plantar semillas. Al esparcirlas por el campo, algunas cayeron en un sendero y los pájaros se las comieron. Otras cayeron en un suelo poco profundo con rocas debajo. La semilla brotó rápidamente porque el suelo era poco profundo. Pero la planta no tardó en marchitarse bajo el sol, no tenía raíces profundas y murió. Otras semillas cayeron entre espinos que crecieron y ahogaron las plantas tiernas, de modo que no produjeron grano. Otras semillas cayeron en tierra fértil, brotaron, crecieron y produjeron una cosecha treinta, sesenta y hasta cien veces mayor que la plantada* (Marcos 4:3-8).

Más tarde, Jesús explicó a sus discípulos que la semilla representaba la Palabra de Dios y la tierra indicaba la sustancia del corazón de las personas. Ya sean las mentiras del diablo, los problemas y la persecución, o el deseo de riqueza y comodidad, muchas cosas compiten por la tierra de nuestras almas.

Normalmente, tenemos más conocimientos (semillas) que lo que sabemos hacer con ellos. Por sí mismo, el conocimiento nos hincha y puede inflar nuestro orgullo. Podemos saber lo que dicen las Escrituras pero no saber cómo aplicarlo a nuestras vidas. En respuesta a la Parábola del Sembrador, Andrew Wommack explica: "La Palabra de Dios contiene un poder total, pero hay que plantarla en nuestros corazones y dejarla germinar antes de que libere ese poder. La Palabra era la misma en cada situación. Era buena semilla -semilla incorruptible (1 Pedro 1:23)-, pero los resultados eran diferentes en cada caso debido a la condición de los corazones de las personas".[1]

Esta es una gran noticia. Dios no hace excepción de personas, y si hace algo por una persona, puede hacerlo por ti. Deberías leer la

Biblia a través de una lente de transformación, no de información. Cada vez que leas un versículo, imagínatelo como una semilla que entra en tu corazón. Puedes esperar que crezca y se convierta en realidad para ti. Si lees la Biblia y no hay ningún cambio en ciertas áreas de tu vida, entonces revalúa la condición de tu corazón.

Existe una tensión evidente. Las semillas tardan en crecer. En la espera, también debes poner tu fe a trabajar. Andrew Wommack escribió: "La Palabra no funciona para todo el mundo porque no todo el mundo permite que la Palabra de Dios funcione. Qué pasaría si plantaras una semilla en tu jardín y la desenterraras cada mañana para ver qué pasa? Moriría y nunca produciría fruto".[2]

La semilla de la Palabra de Dios nunca fue el problema. Es la condición del suelo lo que determina si algo crecerá o no. La semilla es buena, así que si la tierra también lo es, es sólo cuestión de tiempo hasta que la Palabra produzca fruto en tu vida. Como dice Isaías 55:11: "Lo mismo sucede con mi palabra. Yo la envío y siempre produce fruto. Cumplirá todo lo que yo quiero, y prosperará donde quiera que la envíe". La pregunta es, la Palabra producirá una cosecha en tu vida, o Dios tendrá que buscar otro recipiente? Recuerda, una de las razones principales por las que los Israelitas no prosperaron en la Tierra Prometida como Dios se lo había propuesto fue porque no limpiaron la tierra de los habitantes paganos. Así que, si tú te conformas a la cultura mundana, seguramente también afectará tu experiencia en la Tierra Prometida.

Afortunadamente, tienes todo lo que necesitas para cultivar una buena tierra y tener una vida excepcionalmente productiva y con propósito. Marcos 4:20 puede ser verdad para ti:

> *Y la semilla que cayó en buena tierra representa a los que escuchan y aceptan la Palabra de Dios y producen una cosecha de treinta, sesenta, o incluso cien veces más de lo que se había plantado!*

Entonces, cómo te conviertes en el tipo de persona cuya vida produce un retorno del ciento por uno? Cómo preparas la tierra de tu corazón para recibir la Palabra viva de Dios? Haciendo el trabajo de “demolición”! Tú debes desarraigar, derribar, destruir y derrocar lo que no es bíblico...creencias, imágenes negativas, memorias destructivas, heridas del pasado y traumas que han contaminado el suelo de tu corazón. Pero, cómo hacerlo prácticamente?

La respuesta es la oración.

Pero no cualquier tipo de oración. No hablo de rogar a Dios que cultive la tierra de tu corazón. Hablo de la oración en la que colaboras con el Dios que te creó, que conoce lo más íntimo de tu ser y te tejió en el vientre de tu madre (Salmo 139:13). Este tipo de oración es comunión con el Dios que te conoce mejor de lo que tú te conoces a ti mismo y puede hacer que vuelvas a estar completo.

Por lo tanto, hay mucho que decir sobre la oración, pero este capítulo se centrará en cómo usar la oración para exponer y desarraigar las fortalezas negativas que se esconden en tu corazón. Sin oración, es imposible recibir dirección del Espíritu Santo. Sin la dirección del Espíritu Santo, no podemos identificar las cosas que nos impiden avanzar.

La oración es el punto de entrada para que Dios transforme tus viejas costumbres en tu nueva naturaleza en Cristo. La oración es la forma en que inspeccionas el terreno para identificar a los habitantes indeseables: tus defectos culturales y las formas de ser atadas a tu carne. También es nuestra herramienta principal para desarraigar, derrocar, derribar y destruir cualquier imagen negativa, creencias toxicas y memorias destructivas que obstaculicen nuestra sanidad.

## Cómo *NO* orar

La iglesia bautista en la que crecí tenía por costumbre organizar noches de oración. De niño, no me gustaban nada estas reuniones. En primer lugar, tenía que orar de rodillas, algo que inevitablemente me causaba caer dormido. Segundo, las reuniones duraban horas. Tercero, en ese tiempo ninguno de nosotros sabia orar en lenguas, así que me quedaba sin contenido para orar en los primeros 30 minutos, y digo 30 minutos porque había incluido hasta el gato y el perro de la vecina que no conocía en mis oraciones.

La oración ritualista es común en los círculos religiosos, y es precisamente aquello contra lo que Jesús instruyó. Por ejemplo, los católicos hacen una serie de rezos predeterminadas con rosarios. Los cristianos de cualquier denominación podemos caer en el patrón de orar y leer la Biblia para checar cosas de la lista en lugar de conectarnos íntima y personalmente con Dios. Cuando queremos algo especialmente de Dios -un ser querido está enfermo o necesitamos un cambio profesional- podemos empezar a creer que nuestras oraciones funcionarán mejor si las hacemos con más frecuencia. Jesús rechaza tajantemente esta idea. Nuestras oraciones no se responden repitiendo nuestras palabras una y otra vez.

No me malinterpreten. No tengo nada en contra de orar largo rato o de rodillas, pero la cuestión es si estoy Orando de corazón o no.

Antes de enseñar a orar, Jesús enseñó como *no* orar. "Cuando oren no balbuceen como los Gentiles. Ellos piensan que sus oraciones son escuchadas con sólo repetir sus palabras una y otra vez. No seáis como ellos, porque vuestro Padre sabe exactamente lo que necesitáis incluso antes de que lo pidáis" (Mateo 6:7-8). Ante todo, la oración es una cuestión de corazón. A Dios le importa más la calidad de tus oraciones que la cantidad.

La oración *no* es cuando:

- Marcas una casilla suficientes veces como para que Dios haga algo
- Creas las palabras adecuadas para convencer a Dios de que te dé lo que quieres
- Eres lo suficientemente bueno en el momento en que oras para ganarte la respuesta de Dios a tus oraciones

No se puede manipular a Dios. Él ve el corazón y se mueve por la fe. Por lo tanto, nuestras oraciones deben tener fe. Cuando oramos, debemos creer que es la voluntad de Dios lo que le estamos pidiendo. No podemos pedirle a Dios que nos sane si no estamos seguros de que es Su voluntad sana. No podemos orar por la sanidad de una persona si creemos que Dios puede estar enseñándoles una lección y posiblemente está causando la enfermedad para probarlos. Estas palabras del predicador Jesse Duplantis viven libres de renta en mi mente: "No puedes tener aquello contra lo que hablas". Antes de orar por algo, tengo que saber que es la Palabra de Dios y, por lo tanto, Su voluntad. Tus oraciones no tienen por qué sonar super espirituales ni ser largas. Las oraciones cortas y directas pueden ser extremadamente poderosas.

## Qué es la oración

En primer lugar, la oración es pura. Tiene que estar alineada con tu corazón, no sólo con tu cabeza. Es más importante que tu oración sea honesta que decir las palabras correctas. No podemos dar cabida a contradicciones internas, que es lo que causa la disonancia cognitiva. En lugar de eso, debes tener una sola mente. Santiago 1:6-8 habla directamente de esto:

> *Pero que pida con fe, sin dudar, porque el que duda es como una ola del mar empujada y zarandeada por el viento. Porque no suponga ese hombre que recibirá algo del Señor; es un hombre de doble ánimo, inestable en todos sus caminos.*

La Biblia enseña el poder del acuerdo, y en esta escritura está diciendo que la primera persona con la que necesitas estar de acuerdo es contigo mismo. Por qué? Porque puedes saber algo en tu cabeza, pero creer algo diferente en tu corazón. Este problema ocurre porque eres un ser de tres partes. Dios está diciendo que tú eres más poderoso cuando estas alineado en tu interior y alineado con Su Palabra. Esta es otra forma de un hilo de tres cuerdas que no se puede romper fácilmente (Eclesiastés 4:12). Muchas personas se rompen fácilmente porque ni siquiera están de acuerdo con ellos mismos. Quieren estar de acuerdo con la Palabra pero están divididos por dentro, y sabemos que una casa dividida contra sí misma caerá (Marcos 3:25).

Así que, una oración honesta es más poderosa que una oración con las "palabras correctas". Recuerda al hombre de Marcos 9:24? Él fue honesto. Dijo: "Creo, pero ayuda mi incredulidad". Eso también es una oración.

Recuerda que, en su forma más simple, la oración es hablar con Dios. Dios ya lo sabe todo, y no es un cajero automático, un pozo de los deseos o un genio en una botella. Es un Dios relacional que quiere caminar contigo cada día.

Proverbios 3:5-6 dice: "Confía en el Señor de todo corazón; no dependas de tu propio entendimiento. Busca su voluntad en todo lo que hagas, y él te mostrará qué camino tomar". En otras palabras, Dios te está invitando a una relación diaria en la que puedes preguntarle sobre cada decisión, grande y pequeña. A diferencia de muchas personas importantes y ocupadas en sociedad que no te darían la hora, Dios tiene todo el tiempo del mundo para ti. Lamentablemente, muchos creyentes religiosos viven y Oran como diciendo: "Dios, dame sólo un mapa o un reglamento, y te veré en el cielo". Sin embargo, Jesús invitó a sus discípulos a seguirle paso a paso. La misma invitación te espera hoy, y la oración es una forma de aceptarla.

Así pues, el primer paso para la sanidad es orar desde y por tu corazón. Jesús dio a los discípulos una oración que lo demuestra perfectamente. Hoy, llamamos a esa plantilla el Padre Nuestro, y se encuentra en Mateo 6:9-13. De nuevo, el poder no está en las palabras, sino en la fe y la conexión de corazón que pongas detrás de ellas. Mientras dices cada oración, habla con Dios sobre tu vida. Háblale de los puntos en los que te sientes estancado o sufres. Aproximadamente la mitad de la oración hace hincapié en orar desde el corazón, y la otra parte afirma la importancia de orar por tu corazón.

## Orar con el corazón

Lo que quiero decir cuando digo "de corazón" es que no balbucees y te asegures de tener el motivo correcto, como se indica en Mateo 6:5-7. Jesús nos dijo cómo no orar justo antes de darnos este poderoso y sencillo modelo de oración en Mateo 6:9. Nos estaba dando un ejemplo, una plantilla, que incluía:

1. Permiso para dirigirnos a Él como nuestro padre, wow! Cómo ves a Dios, determina tu habilidad de recibir de Él. Jesús quería

asegurarse de que supieras que no estabas suplicando a un Dios lejano, sino hablando con tu Papá perfecto.

2. Adoración y gratitud a Dios. Esto nos ayudaría a mantener la perspectiva correcta independientemente de por qué estemos Orando y de lo difícil que sea la situación.
3. El recordatorio de que somos agentes del cielo y nuestra tarea incluye ocupar hasta que Él venga, traer el cielo a la tierra y representar a nuestro Padre y a Jesús ante este mundo.
4. Instrucciones para pedir por nuestras necesidades y las cosas que deseamos incluso cuando Él ya lo sabe.
5. Mantener un corazón arrepentido. Dios sabe que a veces fallaremos y meteremos la pata, y aunque esos pecados están pagados y cubiertos por la sangre de Jesús, todavía necesitamos arrepentirnos, no porque estemos inseguros de si Él nos perdonará o no, (Él ya lo hizo) sino porque significa que estamos dando la vuelta y reconociendo que nos quedamos cortos y estamos haciendo algo para no caer en eso otra vez.
6. Un recordatorio de nuestro trabajo de mantener nuestros corazones libres de ofensa para que no permanezcamos rotos. Recuerda que perdonar a otros no les da la razón, sino te hace completo y libre.
7. Orando por protección.

## "Padre nuestro que estás en los cielos, santificado sea tu nombre".

Para Jesús, la oración comenzaba con la adoración. Al mismo tiempo, Jesús reconocía la autoridad de Dios y la intimidad de su relación. Antes de Jesús, nadie se atrevía a llamar "Padre" a Dios, ni siquiera sabían que podían hacerlo.

Jesús fue el pionero de nuestra relación con Dios. Ahora podemos orar con confianza desde el corazón, sabiendo que Él nos escucha y nos responde con la bondad y la sabiduría de un Padre perfecto. Cuando nos dirigimos a Dios como Padre Santo, estamos diciendo: "Dios, Tú me conoces mejor que yo mismo. Necesito que busques en mi corazón las cosas que ni siquiera sé que están ahí". (Exploraremos esto más a fondo en el capítulo 8.)

### "Venga a nosotros tu Reino. Hágase tu voluntad en la tierra, como en el cielo".

A continuación, Jesús oró de una manera que alineaba sus deseos con los deseos de Dios. "Que venga tu Reino, que se haga tu voluntad" implica preocuparse por lo que le importa a Dios. Para ser sinceros, orar por toda la tierra puede parecer lo contrario de orar de corazón. Podemos decir las palabras, pero nos parecen lejanas. Podemos personalizar esta parte de la oración sustituyendo "en la tierra" por ámbitos concretos de nuestra vida. Por ejemplo:

- *Que se haga Tu voluntad en la escuela de mi hijo como en el cielo.*
- *Que se haga Tu voluntad en mi gobierno local como en el cielo.*
- *Que se haga tu voluntad en la vida de mi compañero de trabajo como en el cielo.*

Esta oración llega al núcleo de nuestra misión en la tierra: ocupar el territorio y expresar el Reino de Dios en todos los ámbitos de la vida.

Jesús era perfecto, pero nosotros no lo somos. Tenemos deseos que no coinciden con la voluntad de Dios. Esta porción del Padre Nuestro puede servir como una invitación a humillarnos ante Dios y orar por Sus deseos. Podemos orar *por* nuestros corazones, para que nuestros deseos se asemejen a los de Dios, de modo que podamos orar verdaderamente *desde* nuestros corazones en alineación con la voluntad de Dios.

### "Danos hoy nuestro pan de cada día".

Qué necesitas hoy? Qué es algo que quieres, pero te parece demasiado insignificante para pedírselo a Dios? Jesús empatizó con nuestra humanidad y con la voluntad de Dios de atender cada una de nuestras necesidades. Muchas personas se estancan en su proceso de sanidad porque se detienen en esta parte de la oración y nunca hablan con Dios sobre lo que realmente les preocupa. Aunque meditan a menudo sobre sus deseos, no invitan a Dios a conocer sus necesidades más profundas. Recuerda que Dios valora más una oración breve, cruda y vulnerable que una oración espiritual elaborada y alejada de tu corazón. Como dijo una vez C.S. Lewis: "Debemos exponer ante Él lo que hay en nosotros, no lo que debería haber en nosotros".[3]

"Y perdona nuestras ofensas, como nosotros hemos perdonado a los que nos ofenden. No nos dejes caer en la tentación y líbranos del mal".

En la conclusión de su oración, Jesús demostró cómo cultivar nuestros corazones a través de la oración. Todos los días hacemos tres cosas: experimentamos la tentación, pecamos y entramos en contacto con la gente. La gente tiene la propensión a herirnos o decepcionarnos. Podemos ofendernos cuando lo hacen, y la ofensa es un caldo de cultivo para la falta de perdón.

El pecado, la vergüenza y la ofensa pueden pegarse a nuestro corazón, y caer en la tentación puede convertirse en algo habitual. Por eso, como nos mostró Jesús, orar por nuestros corazones es esencial. Este tipo de oraciones pueden limpiarnos de nuestros pecados, liberarnos de la falta de perdón y rescatarnos del enemigo.

Muchas veces Oramos por nuestras necesidades, deseos, carreras, amigos, familia, gobierno y asuntos globales. Es estupendo orar por estas cosas. Sin embargo, con qué frecuencia dirigimos nuestras oraciones hacia nuestro propio corazón? Cuándo fue la última vez que Oraste por tu alma? Así como oramos por los asuntos externos, necesitamos orar por los asuntos internos, especialmente porque cada asunto fluye del corazón!

Entonces, si Dios sabe todo lo que necesitamos, por qué Oramos? Cuando se trata de nuestros corazones, orar es una forma de ponernos de acuerdo con el Espíritu Santo. Cuando decimos: "Amén", estamos declarando literalmente: "Que así sea", a la voluntad de Dios para nuestras vidas.

Orar por nuestros corazones puede ser incómodo porque implica mirarse al espejo y ser vulnerable. Todos tenemos partes de nuestro corazón que no se alinean con la Palabra de Dios, y afectan a nuestras acciones más de lo que pensamos. Mi esposa y yo Oramos Proverbios 30:8 de *The Passion Translation* todos los días, y es una oración audaz: "Vacía de mi corazón todo lo que es falso: toda mentira y toda cosa torcida".

Cuando empezamos a orar de esta manera, vimos que se producían avances espontáneos y sin esfuerzo en diferentes áreas de nuestras vidas. De repente, era más fácil ser humildes, desinteresados y asumir responsabilidades sin sentir vergüenza ni condenación. Si alguien me dice que quiere mejorar su matrimonio, le animo a que trabaje en su corazón. La mayoría de los problemas matrimoniales no son problemas del matrimonio; son problemas personales arraigados en el corazón. Cuando las personas deciden ocuparse de estos "problemas del corazón", sus vidas mejoran de forma natural.

Proverbios 30:8 da permiso al Espíritu Santo para corregir el rumbo de todo lugar torcido, hasta la más mínima distorsión. Hay rincones oscuros en nuestros corazones que no podemos ver sin la luz de Dios. Todos tenemos pecados de ignorancia que nos impiden sanar de corazón. Nos damos cuenta rápidamente de los resultados externos en nuestras vidas que no nos gustan como la ira, la adicción, la enfermedad, la cuenta bancaria en dificultades, pero no siempre reconocemos los problemas del corazón que causaron estos resultados externos en primer lugar. Es entonces cuando Efesios 1:18 entra en juego como otra gran oración:

> *Oro para que vuestros corazones se inunden de luz y podáis comprender la esperanza confiada que ha dado a los que ha llamado: su pueblo santo, que es su rica y gloriosa herencia.*

Cuando la luz inunda tu corazón, todo queda al descubierto. Las mentiras, los pecados y los problemas que antes no percibías aparecen a plena vista. Así que, cuando ores: "Señor, inunda mi corazón de luz", obtendrás comprensión, esperanza confiada y revelación.

## Ora para que seas completo

Haz sentido alguna vez que te falta algo? Tal vez buscas una respuesta, anhelas un sueño o necesitas paz desesperadamente. Cuando habitamos en lugares de carencia durante algún tiempo, podemos sentir como si hubiera un agujero enorme en nuestros corazones. Efesios 3:19 ofrece el remedio a esta carencia:

> *Que experimentes el amor de Cristo, aunque sea demasiado grande para comprenderlo plenamente. Entonces estarás completo con toda la plenitud de vida y poder que viene de Dios.*

En el griego original, la palabra *completo* es *plērōma*. Se traduce como "plenitud, cumplimiento". He aquí algunos ejemplos de cómo el Nuevo Testamento utiliza *plērōma*:

- Lo que está (ha estado) lleno.
- El cuerpo de los creyentes, como lo que está lleno de la presencia, el poder, la agencia, las riquezas de Dios y de Cristo.
- Exhaustividad o plenitud de tiempo.

Al limpiar la tierra de tu corazón, puedes esperar esta plenitud. Destruyes, derrocas, demueles y desarraigas las cosas que son inconsistentes con la Palabra de Dios, creas el espacio para ser llenado con la presencia, el poder, la agencia y las riquezas de Dios. Te garantizo que es mejor que cualquier vieja basura a la que te hayas estado aferrando.

Dios diseñó nuestros corazones para que estuvieran llenos de Su amor. Según Efesios 3:19, experimentar este amor es la clave de la satisfacción y la plenitud. Cuando experimentamos el amor sobrenatural, nuestras vidas estallan de plenitud y resplandecen con el poder de Dios! De hecho, experimentando el amor de Dios es como vivimos en la plenitud de la que habla Jesús en Juan 10:10 (NVI): "El ladrón sólo viene a robar, matar y destruir; yo he venido para que tengan vida y la tengan en abundancia". No podemos experimentar plenamente el amor de Dios en esta vida, pero podemos experimentarlo más con cada día que pasa. Estar completo significa rebosar de abundancia y, sin embargo, estar siempre hambriento de Dios. Estamos llenos y nos estamos llenando. Eso es una vida plena.

Oro diariamente la promesa de Efesios 3:19 sobre mí, mi esposa y mis hijos. Sí, quiero que mis hijos tengan buenos amigos. Sí, quiero que mis hijos sean prósperos y saludables. Pero sobre todo, quiero que sean completos y enteros en sus corazones. Si ellos están completos en sus corazones (en vez de tener agujeros en sus corazones), esto determinara como va todo lo demás en sus vidas. Nuestros corazones determinan lo que atraemos, lo que conservamos y lo que crece.

## Guarda tu corazón

Así como ahora estás aprendiendo a orar por tu corazón y a asociarte con el Espíritu Santo para cultivar la tierra de tu corazón, haz lo mismo para protegerlo y mantenerlo íntegro.

Proverbios 4:23 (NVI) instruye: "Por encima de todo, guarda tu corazón, porque todo lo que haces fluye de él". Antes de que Jesús apareciera en escena, correspondía a los judíos guardar sus propios corazones. Esta es una carga enorme para llevarla uno solo. Todo lo que hacemos y todos los asuntos de nuestra vida dependen de que guardemos nuestro corazón. Sin la guía del Espíritu Santo, los judíos inevitablemente se quedaron cortos. Al considerar mi propia vida, hay tantos errores que habría cometido y caminos equivocados que habría tomado si el Espíritu Santo no me hubiera guiado. También habría tantas cosas de las que nunca me hubiera sanado.

Gracias a Jesús, ya no tenemos que guardar nuestros corazones solos. Filipenses 4:6-7 dice: "No te preocupes por nada; más bien, ora por todo. Dile a Dios lo que necesitas y dale gracias por todo lo que ha hecho. Entonces experimentarán la paz de Dios, que supera todo lo que podemos comprender. Su paz guardará sus corazones y mentes mientras vivan en Cristo Jesús".

La paz de Dios guardará nuestros corazones y nuestras mentes. Esta es la alegría de nuestra salvación. No estamos solos y podemos experimentar lo mejor de Dios en esta vida y por la eternidad. Tenemos un guardia las 24 horas del día, los 7 días de la semana, que protegerá lo que está dentro de nosotros, de donde fluye todo asunto de la vida.

En el griego original, la palabra *guardar* se traduce de *phroureō*, que significa "guardar, proteger por una guardia militar, ya sea para prevenir una invasión hostil, o para evitar que huyan los habitantes de una ciudad sitiada". En otras palabras, la paz de Dios guardará las fortalezas piadosas que construyas. De esa manera, cualquier invasión hostil del enemigo no se acercará a entrar en tu corazón o tu mente.

Filipenses 4:7 nos da el modelo para acceder a esta guardia:

1. No te preocupes por nada.
2. Ora por todo.
3. Dile a Dios lo que necesitas.
4. Dale las gracias por lo que ha hecho.

Así de sencillo. A medida que la paz de Dios te guarde, el caos se convertirá en claridad. Desenmascarará las estrategias del enemigo. Esta es tu estrategia defensiva, pero también necesitas una ofensiva.

## Orar para demoler y limpiar

Si alguna vez haz visto un programa de remodelación de viviendas, sabrás que el "día de la demostración" es una parte fundamental del proceso. Antes de que la magia pueda ocurrir, hay que derribar los muros no deseados y destripar las viejas estructuras.

Normalmente, a la gente le encanta el día de la demostración. La cámara muestra a la gente riendo mientras golpean con martillos los armarios anticuados y lanzan mazos sobre los trozos sueltos de yeso.

Sin embargo, las imágenes rara vez muestran el proceso de limpieza que inevitablemente sigue.

Nos encanta la gran demolición, la adrenalina que viene cuando Dios habla y nos revela cosas. Dios tiene una manera de hacer que la Espada del Espíritu se sienta bien, incluso cuando convence agudamente los rincones ocultos de nuestros corazones. Sin embargo, después de la demolición, tenemos que ser diligentes para limpiar el desorden.

Mientras oras, Dios te revelará cualquier problema de raíz que esté atascado en la tierra de tu corazón: pecado, fortalezas y creencias limitantes que necesitas desarraigar. El siguiente paso es limpiar el desorden para que la Palabra de Dios tenga espacio para trabajar en tu vida.

Si no lo haces, será como vivir en una zona caótica en obra. Imagínate intentar comer una comida deliciosa que tenga trozos crujientes de tu techo. No podrías disfrutar del sabor ni aprovechar los beneficios nutricionales. Así es como puede ser cuando tratamos de digerir la Palabra de Dios sin tratar primero con nuestro desorden.

Una vez que quitamos la basura de nuestros corazones, tenemos que llenar los huecos con la verdad. De lo contrario, queda espacio para que vuelvan las mismas cosas de siempre. Meditando en las escrituras es como plantamos las semillas correctas. A medida que la verdad reemplaza a las mentiras, la Palabra de Dios producirá una cosecha de 30, 60 o 100 veces en nuestras vidas!

## Resumen del capítulo

- Cuando se trata de sanar, las soluciones externas por sí solas no sirven. La sanidad requiere desarraigar de una vez por todas lo que te está haciendo daño. De lo contrario es como cortar las malas hierbas y esperar que desaparezcan. Hay que arrancarlas de raíz.
- Debemos leer la Biblia a través de una lente de transformación, no de información. Cada vez que leemos un versículo podemos

imaginarlo como una semilla que entra en nuestros corazones. Esperamos que crezca y se haga realidad en nuestras vidas. Si leemos la Biblia y no hay ningún cambio en ciertas áreas de nuestras vidas, entonces necesitamos reevaluar cómo estamos leyendo la Biblia. Tenemos que ser capaces de vernos a nosotros mismos en las promesas de Dios e imaginar que las promesas se cumplen en nuestras vidas.

- La oración es la forma en que inspeccionamos la tierra de nuestro corazón para identificar a cualquier habitante no bienvenido: nuestros defectos culturales y formas de ser que están atadas a nuestra carne. También es nuestra herramienta principal para desarraigar, derrocar, derribar y destruir cualquier imagen negativa, creencias toxicas y memorias destructivas que obstaculicen nuestra sanidad.
- La oración eficaz implica orar *de* corazón y orar *por* nuestro corazón.
- Cuando desarraigas las cosas que son incompatibles con la Palabra de Dios, creas el espacio para llenarte de "la plenitud de vida y de poder que proviene de Dios" (Efesios 3:19).

## Activar: Reto de oración

La Biblia tiene varias oraciones que puedes adoptar para orar por tu corazón. Te animo a que ores Proverbios 30:8 (TPT) todos los días durante un mes: "Vacía de mi corazón todo lo que es falso: toda mentira y toda cosa torcida". Luego, tómate un tiempo cada noche para escribir un diario sobre las cosas que surjan. No te sorprendas si te vuelves mucho más consciente de ti mismo durante este tiempo. Tu parte es asociarte con el Espíritu Santo en oración por tu corazón, y una vez que las cosas comiencen a revelarse, toma autoridad sobre ellas, captura los pensamientos, arrepiéntete, perdona, etc.

A medida que ores esta oración, tu sensibilidad al Espíritu Santo aumentará, y tu espíritu probablemente comenzará a notar patrones de pensamientos negativos, creencias o pecados en tu carne. Cuando

Dios vacíe esas de tu corazón, da gracias! Luego, lee el capítulo 6 sobre la meditación para aprender a llenar los vacíos.

## Notas

1 Andrew Wommack, *You Are as Plain as Dirt: What Type of Soil is Your Heart?* (Woodland Park, CO: Andrew Wommack Ministries, Incorporated, 2023).

2 *Ibid*.

3 C.S. Lewis, *Letters to Malcolm: Chiefly on Prayer*, (Boston, MA: Mariner Books, 2002).

## CAPÍTULO 6

# MEDITANDO PARA PLANTAR

Recuerda que Jeremías 1:10 dice: "Mira, he puesto mis palabras en tu boca! Hoy te nombro para que te enfrentes a naciones y reinos. A unos los desarraigarás y derribarás, destruirás y derrocarás. A otros los edificarás y plantarás".

Ahora, imagina esto:

Estás sentado en tu sillón favorito con una manta sobre las piernas. Una vela parpadea en la oscuridad de la mañana. Tienes la Biblia en el regazo y una taza de café caliente entre las manos. Esta es la posición en la que te encuentras al comienzo de cada día, y no te la perderías por nada del mundo.

Mientras repasas las Escrituras, piensas en lo maravillosas que suenan. Los versículos conocidos son como viejos amigos, y las historias saltan a la vista de nuevas maneras. Sin embargo, en el fondo de tu mente, no puedes quitarte la persistente creencia de que algunas de las verdades no son para ti.

Hay demasiadas incoherencias:

- "Pedid y se dará" (Mateo 7:7). Te lo pido todos los días, Dios.
- "Dad y recibiréis" (Lucas 6:38). Yo diezmo, pero mi cuenta bancaria sigue teniendo problemas.
- "La paz dejo, mi paz os doy" (Juan 14:27 NVI). La ansiedad sigue merodeando como un león.

Qué hacemos cuando no creemos en la Biblia? Cuando reconocemos la verdad en nuestra mente, pero no podemos hacer que aterrice en nuestros corazones?

Como cristianos no hablamos lo suficiente de esta desconexión. La fe y la esperanza no son automáticas. Requieren un cultivo cuidadoso y una honestidad brutal con uno mismo y con Dios. Cuando dudamos y nos sentimos alejados de Dios, la clave está en acercarnos. La meditación es el modo de tender puentes entre la cabeza y el corazón.

Thomas Watson dijo: "Sin meditación las verdades de Dios no permanecerán con nosotros".

## Creo, pero ayuda a mi incredulidad

Anna tenía 25 años cuando quedó embarazada por primera vez. Ella y su marido, Dean, llevaban poco menos de tres años casados y estaban eufóricos. Durante el primer mes de embarazo, soñaron con el nombre y la personalidad del bebé, recorrieron los pasillos de Target para ver ropa de bebé y se imaginaron con un recién nacido en brazos en las reuniones de Acción de Gracias y Navidad.

Entonces, una noche, Anna empezó a sangrar. Mucho. La llevaron a urgencias y descubrieron que lo más probable era que tuviera un aborto. Lo único que podían hacer era volver a casa y esperar. Anna y Dean oraron sin cesar y animaron a sus amigos a hacer lo mismo. Leyeron todos los salmos del libro y declararon las escrituras sobre la sanidad. La hemorragia no cesaba. Diez días después, fueron al médico para hacerse otra ecografía. No había bebé.

Pasaron seis meses y volvieron a aparecer dos líneas rosas. Afloraron los mismos sentimientos -alegría, alivio, esperanza, gratitud-, pero también otros: miedo, tristeza, dudas y ansiedad. Estará bien el bebé? Anna y Dean necesitaron más fuerzas para imaginarse como padres que en el primer embarazo. Anna se esforzaba por imaginarse el crecimiento de su barriga y, más tarde, de su bebé.

Los lugares donde necesitamos sanar son los lugares donde hemos sido heridos antes. Cuando no hemos visto la bondad de Dios en cierta área de nuestras vidas, se forman discrepancias entre la Biblia y nuestras creencias. El miedo a la decepción hace más difícil tener esperanza. El "y si no me curo?" empieza a sonar más fuerte que el "pero y si me curo?".

Es difícil encontrarse en esta situación. A veces, queremos tener fe pero no podemos llegar a ese lugar por nosotros mismos. Marcos 9:23-24 (NKJV) cuenta la historia de un padre que conocía bien esta tensión. Un espíritu maligno poseía a su hijo desde su nacimiento, y le pidió a Jesús que lo ayudara.

> *Jesús le dijo: "Si puedes creer, todo es posible para el que cree".*
>
> *Inmediatamente el padre del niño gritó y dijo con lágrimas: "Señor, yo creo; ayuda mi incredulidad!".*

Cuántas veces nos encontramos en esta situación? No podemos forzarnos a tener esperanza, pero podemos orar: "Señor, estoy listo para empezar a esperar" o "Quiero volver a confiar en Ti", y meditar en las Escrituras que alimentan esos deseos. De hecho, las Escrituras revelan repetidamente que la meditación es la clave para prosperar en todas las áreas de la vida:

> *Oh, las alegrías de los que no siguen el consejo de los malvados, ni se juntan con los pecadores, ni se unen a los burladores. Sino que se deleitan en la ley del Señor, meditándola día y noche. Son como árboles plantados a la orilla del río, que dan fruto cada estación. Sus hojas nunca se marchitan, y prosperan en todo lo que hacen* (Salmo 1:1-3).

## Sanar la decepción

Volvamos a la historia de Anna y Dean. Cuando se quedaron embarazados tras la pérdida, les costó mucho verse a sí mismos con la promesa de ser padres. Al principio, cada síntoma les provocaba imágenes de volver a perder al bebé. Experimentar la alegría que supondría el nacimiento de su bebé les parecía casi imposible. Esto es natural tras una pérdida de cualquier tipo. Proverbios 13:12 nos dice:

"La esperanza aplazada enferma el corazón, pero un sueño cumplido es un árbol de vida". Dios no se enfada con nosotros cuando estamos desconsolados; está deseoso y dispuesto a sanarnos. El Salmo 34:18 nos recuerda que "El Señor está cerca de los quebrantados de corazón; rescata a aquellos cuyo espíritu está abatido".

Nuestro reto es dejar que Dios nos cure.

El remedio a la desesperanza de Anna y Dean no era esforzarse más por tener esperanza. Muchas personas intentan esforzarse por tener fe, lo cual es imposible! Vuelven a caer en la religión, no en la relación.

Es como dijo Pablo en Gálatas 3:3: "Qué insensatos podéis ser? Después de comenzar vuestras nuevas vidas en el espíritu, por qué tratáis ahora de llegar a ser perfectos por vuestro propio esfuerzo humano?" Cuando intentamos forzarnos a tener fe, esperanza y confianza, volvemos a poner la carga sobre nosotros mismos. En cambio, la meditación nos permite devolver nuestras cargas a Dios. Al meditar sobre quién es Dios y lo que ha hecho, nos centramos menos en nuestras deficiencias y más en la fidelidad y el amor inagotable de Dios.

Me encanta cómo lo expresa Romanos 3:27-28 en la traducción *The Message*: "Lo que hemos aprendido es esto: Dios no responde a lo que nosotros hacemos; nosotros respondemos a lo que Dios hace. Por fin lo entendemos. Nuestras vidas se alinean al paso de Dios y a todos los demás dejando que él marque el ritmo, no tratando orgullosa o ansiosamente de controlar el desfile".

La solución de Anna y Dean fue confiar en la gracia de Dios. No se forzaron a creer en sus propias fuerzas. En su lugar, oraron oraciones como: "Dios, no tengo lo que se necesita para confiar en Ti en este momento. Dame el poder de ver la situación como Tú la ves". Luego, buscaban en las Escrituras versículos que se aplicaran a sus oraciones, y meditaban en ellos día y noche:

> *Cuando atraviesen el Valle del Llanto, se convertirá en un lugar de manantiales refrescantes. Las lluvias de otoño lo revestirán de bendiciones* (Salmo 84:6-7).

> *Y es imposible agradar a Dios sin fe. Quien quiera acercarse a Él debe creer que Dios existe y que recompensa a quienes le buscan sinceramente* (Hebreos 11:6).
>
> *Tú coronas el año con una cosecha abundante; incluso los caminos difíciles rebosan de abundancia* (Salmo 65:11).
>
> *Espero tranquilamente ante Dios, porque mi victoria viene de él. ... Que todo lo que soy espere tranquilo ante Dios, mi esperanza está en él* (Salmo 62:1.5).

Anna y Dean acabaron encontrando fuerzas para confiar en su Dios. Cada semana que pasaba, se atrevían más a orar grandes oraciones y a volver a ilusionarse. Para su sorpresa, descubrieron que ni siquiera sabían que estaban embarazados estaban Orando por la salud de su bebé! En lugar de estrés postraumático, las consultas médicas se llenaron de paz y redención al ver a su bebé rebotar en la ecografía. Finalmente, dieron a luz a un niño sano.

Andrew Wommack llama a este proceso pasar de la fe a la confianza. A medida que avanzamos en el proceso de sanidad con Dios, llega un momento en que tenemos que abandonar nuestra idea de cómo o cuándo debería suceder algo. Debemos cambiar nuestra idea personal de lo que debería suceder por el plan definitivo de Dios. Puedes apoyarte en Dios cuando no tengas suficiente fe para salir adelante. Pídele a Dios que te ayude a tener fe cuando sientas que ya no puedes tener fe. Pídele que te ayude a confiar en Él, incluso cuando sientas que te ha defraudado en el pasado. Serás sanado, verás una profunda redención y tu fe crecerá exponencialmente. Como Dean y Anna, experimentarás el poder y la presencia de Dios en tus momentos más difíciles. De hecho, Dios no sólo promete paz, promete paz perfecta.

Cada asunto en la vida crece de nuestros corazones, y meditando en la Palabra de Dios es como plantas las semillas correctas. Cuando meditas en grandes cosas, grandes cosas crecerán y sucederán en tu vida. La meditación es el proceso de convertir el conocimiento de la cabeza en conocimiento del corazón. El Salmo 119:11 lo describe como esconder la Palabra de Dios en nuestros corazones. Meditar en las Escrituras siembra la verdad tan profundamente dentro de nosotros que se convierte en nuestra segunda naturaleza, y la Palabra de Dios se convierte en parte de nuestra identidad.

Podemos hablar todo el día de lo que sabemos, pero reproduciremos lo que creemos. Es una realidad. Biológicamente, transmitimos nuestro ADN a nuestros hijos. Dios nos creó para "ser fecundos y multiplicarnos" (Génesis 1:28), y nosotros multiplicamos lo que somos. Nuestra misión es "hacer discípulos de todas las naciones", y esos discípulos reflejarán la fe que nosotros modelamos (Mateo 28:19). No podemos impartir algo que no tenemos. Por lo tanto, si queremos vivir vidas que produzcan una cosecha de treinta, sesenta y cien veces, comienza con meditar en las Escrituras para que se conviertan en revelación y no sólo en información.

Cuando meditas en las Escrituras durante el día, se convierten en parte de tu proceso de pensamiento subconsciente por la noche. El Salmo 16:7 dice: "Bendeciré al Señor que me guía; aun de noche mi corazón me instruye". Lo que piensas durante el día afecta tus sueños, tus pensamientos subconscientes y tu cuerpo mientras duermes.

En el último capítulo, haz aprendido como revelar estos patrones de pensamientos subconscientes y creencias negativas a través de la oración. A medida que el Espíritu Santo expuso fortalezas, tu desarraigaste cualquier pensamiento y mentira que se opusiera a la Palabra de Dios. Ahora, estás listo para plantar las semillas que te permitirán sanar y prosperar en cada estación. Entonces, qué es exactamente la meditación?

## La meditación: Qué es (y qué no es)

La meditación bíblica se parece mucho a la versión mundial de la meditación. Los creyentes de otras religiones, como el budismo, meditan para vaciarse. En la meditación samatha, por ejemplo, se concentran en su respiración y tratan de dejar ir cualquier pensamiento que les venga a la mente. Por el contrario, los cristianos meditan para llenarse de la Palabra de Dios. En lugar de desprenderse, la meditación cristiana implica conectar profundamente con la verdad de quién es Dios y quién eres tú. No se trata de una vana repetición, sino de una forma concentrada e intencionada de decir la Escritura con el corazón.

Lo sepas o no, estás meditando la mayor parte del tiempo. La mayor parte de tu vida mental es un proceso meditativo. La meditación consiste en pensar en un problema, objetivo o situación hasta que se te mete en el corazón y te afecta subconscientemente. Alguna vez te ha preocupado tanto un problema que no te ha dejado dormir? Si es así, ya sabes cómo meditar!

Podemos meditar sobre cosas positivas y negativas, y las investigaciones demuestran que, por desgracia, estas últimas son más frecuentes. Según la Fundación Nacional de la Ciencia de EE.UU., rara vez tenemos pensamientos nuevos. La mayoría de la gente tiene el 90 por ciento de los mismos pensamientos de siempre, y el 80 por ciento de esos pensamientos son negativos.[1] Por eso es tan importante el último capítulo sobre el desarraigo a través de la oración. Después eliminar las imágenes negativas, las creencias toxicas y las memorias destructivas, es hora de llenar los vacíos con las Escrituras. Josué 1:8 dice: "Estudia continuamente este libro de instrucciones. Medita en él día y noche para que estés seguro de obedecer todo lo que está escrito en él. Sólo así prosperarás y tendrás éxito en todo lo que hagas".

Lo entiendes? Meditar en las Escrituras es la clave para progresar en todas las áreas de tu vida. Esto puede servirte como un control espiritual. Si tu no está prosperando en cada área de tu vida, puede ser porque estas meditando en las cosas equivocadas. Por ejemplo, alguien puede estar prosperando en sus relaciones y carrera, pero en sus finanzas está luchando. En este caso, es probable que esa persona esté reciclando un proceso de pensamiento negativo sobre el dinero en lugar de uno bíblico. Tu salud y tu prosperidad exterior están íntimamente ligadas al estado de tu alma.

Fíjate en esto: 3 Juan 1:2 (RVA) dice: "Amados, ruego que prosperéis en todo y que tengáis salud, así como prospera vuestra alma".

Muchas veces, dejamos nuestras meditaciones sin control. Por ejemplo, haremos un devocional por 15 o 30 minutos en la mañana y tendremos un tiempo impresionante con el Señor. Pero en cuanto nos subimos al auto para ir a trabajar, empezamos a castigarnos y a pensar en el pasado. Entonces, algo malo sucede en la oficina, y ahí va nuestro día! Cuando llegamos a casa del trabajo, nos preguntamos por qué estamos tan consumidos y agotados. Si queremos prosperar en todo lo que hacemos debemos ir más allá de nuestro estudio diario de la Biblia y meditar en la Palabra de Dios día y noche.

## Cómo meditar

Martin Luther, teólogo y padre de la Reforma Protestante, meditaba a diario. Se refería a su práctica como un método de meditación de "guirnalda de cuatro hebras". En primer lugar, Luther reflexionaba sobre las enseñanzas de la Escritura. Luego, daba gracias, confesaba y oraba a la luz de la escritura. Atribuyó a la meditación una de las principales transformaciones de su corazón y dijo: "Sin embargo, hay una diferencia entre meditar y pensar. Meditar significa pensar de forma persistente, profunda y diligente. Hablando con propiedad, significa rumiar algo en el corazón".[2]

La meditación puede sonar muy elevada o espiritual, pero no tiene por qué serlo. Al igual que la oración, la meditación es más poderosa cuando es sencilla y personal. Cuando era adolescente, la única escritura que memorizaba era Filipenses 4:13: "Todo lo puedo en Cristo, que me fortalece". Cada vez que me encontraba en una situación difícil, recordaba ese versículo y me daba fuerzas para seguir adelante. Cuando tenía 18 años, fui al campo misionero a tiempo completo como traductor por toda América Latina. Otras cuatro personas y yo condujimos tres vehículos con equipo a través de México, América Central y Brasil para organizar cruzadas con más de diez mil personas. Fue emocionante, pero también intimidante. Cada vez que teníamos que cruzar la frontera, yo era el responsable de comunicarme con los guardias, ya que era el único que hablaba español. Tenía que explicar que no vendíamos artículos ni metíamos contrabando, y eso me llevaba horas de conversación y papeleo. Cuando me sentía débil, Filipenses 4:13 daba vueltas en mi mente y me daba fuerzas. Sabía que Dios encontraría la manera de que pudiéramos seguir haciendo nuestro trabajo.

Si encuentras escrituras que hablan de las áreas en las que quieres crecer o sanar, la meditación no se sentirá como una repetición vacía. Recuerda lo que quieres desarraigar, derribar, derrocar y destruir. Rumia los versículos que combaten directamente las mentiras y creencias negativas que descubriste a través de la oración. Mientras lees la Biblia, pídele al Espíritu Santo que resalte ciertos versículos.

Cuando meditas en la Palabra de Dios en medio de situaciones difíciles, se vuelve más personal. La Escritura se inserta en tus memorias. Entonces, cuando surjan momentos más difíciles, tu reacción instintiva será declarar las Escrituras en lugar de caer en un espiral de miedo y preocupación. Por eso el Salmo 119:11 describe la meditación como esconder la Palabra de Dios en nuestro corazón: "He escondido Tu Palabra en mi corazón, para no pecar contra ti".

Podemos tener otras cosas además de la Palabra de Dios escondidas en nuestros corazones, también, como patrones de pensamiento subconscientes y hábitos que nos hacen fallar. A menudo son involuntarios y naturales. Por ejemplo, nadie come una magdalena con el objetivo de empeorar su salud. Sin embargo, cuando no se regulan, el azúcar y los hábitos alimentarios poco saludables se vuelven adictivos con el tiempo. Echar mano de la bolsa de las papas fritas o comer galletas sin pensar delante de la televisión se convierte en algo automático.

Al igual que los alimentos, metabolizamos nuestros pensamientos. Nos llevamos la comida a la boca y la masticamos, pero el proceso no se detiene ahí (si lo hiciera, moriríamos!). Más bien, nuestros cuerpos metabolizan los nutrientes de la comida para proporcionar fuerza y función a nuestros cuerpos. Del mismo modo interiorizamos nuestros pensamientos y éstos afectan a nuestras acciones. Si quieres cambiar tu forma de actuar, cambia primero tu forma de pensar. Recuerda que Dios nos dio neuroplasticidad: el poder de transformar físicamente nuestro cerebro cambiando nuestros pensamientos.

Dios me mostró el poder de esto de primera mano al sanar una relación rota que tenía con un buen amigo. Me robó 5.000 dólares y, después de su robo, actuó como si nada! Es increíble lo rápido que esa situación se convirtió en lo único que recordaba de él en medio de años de grandes experiencias juntos. Este episodio negativo de nuestra amistad ocupó rápidamente más espacio mental que los innumerables buenos momentos que habíamos compartido. Es tan fácil que una ofensa o una traición anulen multitud de buenos recuerdos. Me enfadé mucho y me sorprendió que mi amigo pudiera hacer algo así.

Es seguro decir que la meditación de mi corazón no agradaba a Dios. Perdonarle me llevó un tiempo, pero sabía que el perdón no era un sentimiento, sino una elección. Aun así, el mal sabor de boca permanecía cada vez que pensaba en él.

Un día, estaba leyendo la Biblia y apareció Filipenses 4:8: "Fijad vuestros pensamientos en lo que es verdadero, honorable, recto, puro, amable y admirable. Piensa en cosas excelentes y dignas de alabanza". Pablo escribió ese pasaje en la cárcel, pero fue capaz de mantener una actitud positiva. De un modo muy distinto, yo me sentía preso de pensamientos negativos y ansiosos cada vez que pensaba en este amigo. Si Pablo pudo poner en práctica la meditación positiva en circunstancias tan terribles, yo sabía que Dios podía ayudarme a hacer lo mismo en mi situación. Así que sentí un tirón en mi corazón para recordar esa escritura y meditar en ella a lo largo de la semana.

Muchas veces, entendemos Filipenses 4:8 en un sentido general y simplemente tratamos de mantener pensamientos alegres. Esa no es una mala práctica ni mucho menos, pero Dios me mostró el poder de aplicar ese versículo a las personas y a los recuerdos dolorosos. Unos días después, empecé a pensar en la traición. El Espíritu Santo me recordó Filipenses 4:8 y me impulsó a aplicarlo a esta situación y persona específicas. Al principio me pregunté si era Dios. Sabía que tenía que perdonarlo, pero significaba eso que también tenía que pensar cosas buenas de él?

La respuesta fue sí. No sabía que el Espíritu Santo me estaba dando una llave para abrir el proceso de sanidad en este caso y también en situaciones futuras.

Así que, en lugar de dejarme llevar por mis emociones, opté por rememorar los buenos recuerdos que habíamos compartido. Sin duda, fue una batalla tener mis pensamientos cautivos cuando naturalmente querían gritar: "Recuerda lo que hizo!". Sin embargo, a medida que pasaba el tiempo, me resultaba más fácil centrarme en sus cualidades verdaderas, honorables y encantadoras. Después de sólo diez minutos, la presencia de Dios en la sala era increíblemente fuerte. Fue entonces cuando supe que la paz sobrenatural de Dios estaba eliminando el dolor y sanándome. Y eso ni siquiera fue lo más loco.

Esa misma semana, fui a un restaurante y alguien pagó mi cuenta. El camarero señaló a mi benefactor, y era el mismo amigo que estaba sentado a la mesa con su padre! Incrédulo, me acerqué y di las gracias. Con los ojos llorosos, me abrazó. Me enteré de que su padre estaba muy enfermo y que estaban de visita en la ciudad para ir a un hospital. Así que Oré por su padre, y milagrosamente fue sanado! Ese es el poder de meditar en la Palabra de Dios. Él traerá a las personas correctas a tu vida en el momento correcto y restaurará situaciones que pensabas que estaban irreparablemente rotas.

El perdón y la sanidad son procesos separados y se producen en distintos plazos. Puedes perdonar a alguien mientras sigues necesitando sanarte del dolor que te causó. En otras palabras, puedes seguir experimentando recuerdos que aprietan tus gatillos, pensamientos negativos y falta de confianza después de perdonar a alguien. Por eso Filipenses 4:8 es tan poderoso en el proceso de sanidad. Tu cerebro está acostumbrado a tomar el camino más fácil. Es como hacer un viaje por carretera a través de las montañas. Tu destino puede estar a 50 millas de su ubicación actual, pero tú tienes que conducir 200 millas porque esa es la única ruta pavimentada a través del terreno rocoso.

Del mismo modo, tu cerebro tiende a pensar por rutas pavimentadas, siguiendo tus procesos de pensamiento más frecuentes. Filipenses 4:8 es la forma de labrar un nuevo camino con patrones de pensamiento que sean verdaderos, honorables, correctos, puros, encantadores, admirables, excelentes y dignos de alabanza. Así es como construyes un puente que va del perdón a la sanidad. La clave está en desandar los caminos correctos hasta que realmente creas los pensamientos positivos que te dices a ti mismo.

Puedes saber si crees en algo por tu reacción ante la presión y las circunstancias difíciles. Las amenazas a tu sistema de creencias revelan tus verdaderas creencias. Por ejemplo, muchos cristianos dirían que creen en la sanidad y la protección de Dios. Sin embargo, la pandemia COVID-19 puso a prueba esas creencias. Muchos cristianos cerraron iglesias, se aislaron y fueron consumidos por el miedo.

He aquí otra ilustración. Muchos cristianos dicen que creen en la provisión de Dios. Confían en que cuando dan, recibirán. Sin embargo, en el momento en que pierden sus trabajos o los economistas proyectan una recesión, dejan de diezmar y atesoran sus finanzas. La fe requiere creer en la Palabra de Dios a pesar de lo que parezcan las circunstancias externas. Implica esperar la sanidad incluso cuando los resultados de las pruebas son desfavorables y la enfermedad parece empeorar.

Entonces, qué hacer cuando las reacciones no coinciden con lo que uno creía?

Primero, reconoce que aunque estas de acuerdo con una escritura, no significa que la creas todavía. Reconoce que fue conocimiento de la cabeza, no del corazón, y medita en las escrituras que hablan de la verdad. Tu plantas una semilla cada vez que escondes una nueva escritura en tu corazón. A medida que pones la escritura dentro de ti, comprimes la verdad profundamente dentro de tu subconsciente. Entonces, cuando la vida te presiona y te aprieta, tu instinto será alabar y confiar en Dios en medio de las circunstancias difíciles.

## Visualízate en las Escrituras

Sabes que la Palabra de Dios se está convirtiendo en parte de ti cuando puedes empezar a imaginarte a ti mismo en las escrituras. Un miembro de mi iglesia llama a esto "recordar tu futuro". Imagina que tú eres tu yo futuro, la persona que experimenta las mismas esperanzas y sueños por los que ora tu yo anterior. No basta con leer las Escrituras y pensar: "Esa es una gran palabra". También debemos vernos a nosotros mismos en las promesas de Dios.

Luego, el siguiente paso es usar tu imaginación hasta que sientas que la promesa se cumple en tu vida. Esto es lo que llamamos una imaginación santificada, y es cómo hacemos operar nuestra fe. Una buena manera de considerar esto es considerar cómo funciona el miedo, el opuesto de la fe. Cuando tenemos miedo, nos imaginamos a nosotros mismos y a nuestros seres queridos en el peor escenario posible. No sólo lo imaginamos, sino que también lo sentimos y mostramos síntomas como si las situaciones estuvieran ocurriendo realmente. Nuestro cerebro no distingue entre realidad e imaginación. Por eso se nos acelera el corazón, nos suda el cuerpo y tenemos ataques de pánico cuando sentimos miedo. Todo se debe a una imaginación temerosa que tal vez nunca llegue a producirse.

Afortunadamente, la meditación tiene el poder de renovar nuestra imaginación. Puedes experimentar auténtica gratitud, alegría y alabanza cuando meditas en las promesas de Dios. Si realmente crees en la sanidad, no te imaginarás el fin del mundo en medio de un pánico mundial. En lugar de eso, verás algo así como ángeles rodeándote en medio de la muerte y la enfermedad. Puedes saber con seguridad que una escritura se ha abierto camino desde tu cabeza hasta tu corazón cuando puedes empezar a sentir lo que es estar dentro de esa promesa. Muchas personas no quieren llegar a este punto porque tienen miedo de que no suceda. Así que se quedan en la superficie, contentos de estar de acuerdo pero nunca de creer y reclamar las escrituras como suyas. Nunca se atreven a esperar porque temen volver a decepcionarse.

Hebreos 11:1 dice que la fe es la sustancia de las cosas que se esperan. Por lo tanto, la fe sin esperanza carece de valor. Por otro lado, si tenemos esperanza, la fe materializará lo que esperamos. Por eso es tan importante hacer personales las Escrituras y verte a ti mismo dentro de ellas.

## Shalom Shalom

Isaías 26:3 nos dice: "Tú guardas en completa paz a aquel cuyo pensamiento en ti persevera, porque en ti confía".

Cuando fijas continuamente tus pensamientos en Dios y no en ti mismo, en otras personas o en tus problemas, el resultado es una paz perfecta. Este tipo de paz va más allá de los sentimientos de tranquilidad e implica algo más que la ausencia de lucha. En hebreo, la frase para "paz perfecta" es *shalom shalom*. Los escritores del Antiguo Testamento utilizaron la misma palabra dos veces para enfatizar la intensidad de esta paz celestial. De hecho, la raíz de la palabra *shalom, shalom*, significa "hacer algo completo".[3] *Shalom shalom* es integridad y sanidad con Dios, contigo mismo y con los demás. Pone en perfecto orden todo lo que está desordenado. A lo largo del Antiguo Testamento, la frase se utiliza para describir la plenitud, la seguridad, la solidez, la salud, la prosperidad, la satisfacción, la amistad con la gente y con Dios, y el bienestar (Strong's H7965).

*Shalom shalom* era el estado del Jardín del Edén, y será el estado de la Nueva Jerusalén cuando Dios restaure toda la creación. Puedes acceder a *shalom shalom* hoy, y empieza en tu mente.

Como dice Isaías 26:3, tu experiencia de paz perfecta depende de tus pensamientos. Cuando están fijos en Dios, significa que estás en un estado de confianza en el que puedes depositar todas tus preocupaciones en Dios.

Según *la Concordancia de* Strong, la palabra *stayed* procede de la raíz "to prop" (apoyar) y encarna la idea de apoyarse en algo (Strong's H5564). La misma palabra se traduce a menudo como *sostener*. Las implicaciones de esto son enormes. En lo que se apoyan tus pensamientos determina si estás en un estado de paz o de ansiedad. Meditar en la Palabra de Dios tiene el poder de sostenerte y mantenerte en perfecta paz. Sin embargo, para mantenerse en *shalom*, tus pensamientos deben permanecer fijos en la verdad día y noche. Aunque inevitablemente tendrás momentos en los que caigas, tu mente se fortalecerá a medida que practiques. Por defecto, tus pensamientos se centrarán en Dios, incluso cuando estés descansando.

Cuando mantienes tus pensamientos fijos en Dios, tus acciones te seguirán. Como dice Romanos 12:2, cuando cambies tu manera de pensar, "aprenderás a conocer la voluntad de Dios para ti, que es buena, agradable y perfecta". La voluntad de Dios para tu vida te sitúa en *shalom shalom*. Este es un estado de armonía interna entre tú y Dios. En este estado armonioso, la ansiedad, la depresión y los pensamientos demoníacos deben huir. También es un estado de armonía externa en tus relaciones, comunidad y mundo. *Shalom* es el tipo de paz que te redime y restaura de vuelta a la intención original de Dios para el hombre en el Jardín del Edén antes de que el enemigo entrara y echara una maldición sobre tu trabajo y reproducción. Te libera para cumplir la bendición original de Dios en Génesis 1:28 para la humanidad: "Fructificad y multiplicaos. Llenad la tierra y gobernadla. Reinad sobre los peces del mar, las aves del cielo y todos los animales que corretean por el suelo". *Shalom shalom* te permite experimentar la alegría de la presencia de Dios en cada detalle de tu día. También te permite compartir la gloria de co-crear y asociarte con Dios para devolver a otros la misma paz perfecta.

## Resumen del capítulo

- No puedes forzar la esperanza o la sanidad, pero puedes orar: "Señor, estoy listo para empezar a creer" o "estoy listo para esperar mi sanidad" y meditar en las escrituras que alimentan esos deseos.
- Cada asunto en la vida crece de tu corazón, y meditando en la Palabra de Dios es como plantas las semillas correctas. Cuando meditas en grandes cosas, grandes cosas crecerán y sucederán en tu vida.
- Al meditar en la Palabra de Dios en medio de situaciones difíciles, las Escrituras se incrustan en tu memoria. Entonces, cuando surjan momentos más difíciles, tu reacción instintiva será declarar las Escrituras, permanecer en paz y producir vida en lugar de entrar en una espiral de miedo y preocupación.
- Cuando medites, imagínate dentro de la escritura. Imagina cómo sería recibir las promesas que describe.
- La meditación conduce a:
    - Prosperar en todos los ámbitos de la vida (Josué 1:8)
    - Resistirse al pecado (Salmo 119:11)
    - Paz perfecta (Isaías 26:3)
    - En última instancia, la sanidad! (Proverbios 4:22)

## Activar: Se específico

La meditación es un ingrediente esencial para la sanidad integral. La clave es ser realmente específico sobre las creencias toxicas y las mentiras que el Espíritu Santo reveló en la oración. y busca la forma de sustituirlas por la verdad.

He aquí algunos ejemplos de personas de nuestra congregación en Vida Church:

### Mentira: Tengo miedo y siempre lo tendré.

Escritura: *"Busqué al Señor, y él me respondió y me libró de todos mis temores"* (Salmo 34:4).

### Mentira: Es difícil tener éxito.

Escritura: *"Encomienda tu trabajo al Señor, y tus planes se consolidarán"* (Proverbios 16:3).

### Mentira: Nada sale bien. No consigo hacer las cosas.

Escritura: *"No temas, porque yo estoy contigo; no desmayes, porque yo soy tu Dios; te fortaleceré, te ayudaré, te sostendré con mi mano justa"* (Isaías 41:10).

### Mentira: Estoy loco.

Escritura: *"Quién ha entendido la mente del Señor para instruirlo? Pero nosotros tenemos la mente de Cristo"* (1 Corintios 2:16).

### Mentira: No tengo talento. No se me da nada bien.

Escritura: *"Porque somos hechura suya, creados en Cristo Jesús para buenas obras, las cuales Dios preparó de antemano para que anduviésemos en ellas"* (Efesios 2:10).

### Mentira: No puedo sanar.

Escritura: *"Él mismo llevó nuestros pecados en su cuerpo sobre el madero, para que muramos al pecado y vivamos a la justicia. Por sus heridas habéis sido sanados"* (1 Pedro 2:24).

*He aquí que yo le traeré salud y sanidad, y los sanaré y les revelaré abundancia de prosperidad y seguridad* (Jeremías 33:6 RVR).

### Mentira: Nunca superaré esta adicción. Lo necesito para sentirme bien.

Escritura: *"Sé lo que significa carecer, y sé lo que significa experimentar una abundancia abrumadora. Porque yo entrenado en el secreto de vencer todas las cosas, ya sea en la plenitud o en el hambre. Y encuentro que la fuerza del poder explosivo de Cristo me infunde para vencer toda dificultad"* (Filipenses 4:12-13 TPT).

Estos son ejemplos poderosos, ahora la clave es que te veas a ti mismo en esa escritura y empieces a sentirla como tu nueva realidad. A través de esta meditación, estás trayendo el Reino de los Cielos a tu vida. Así es como haces tuyas las realidades del cielo.

## Notas

1 Prakhar Verma, "Destroy Negativity from Your Mind with This Simple Exercise," November 27, 2017, https://medium.com/the-mission/a-practical-hack-to-combat-negative-thoughts-in-w-minutes or-less-cc3d1bddb3af.

2 John W. Kleinig, "The Kindled Heart: Luther on Meditation," *Lutheran Theological Journal*, Vol. 20, 1986, 2.

3 Bible Study Tools, Shalom, https://www.biblestudytools.com/ lex-icons/hebrew/nas/shalam.html.

## CAPÍTULO 7

# DECLARANDO PARA CONSTRUIR

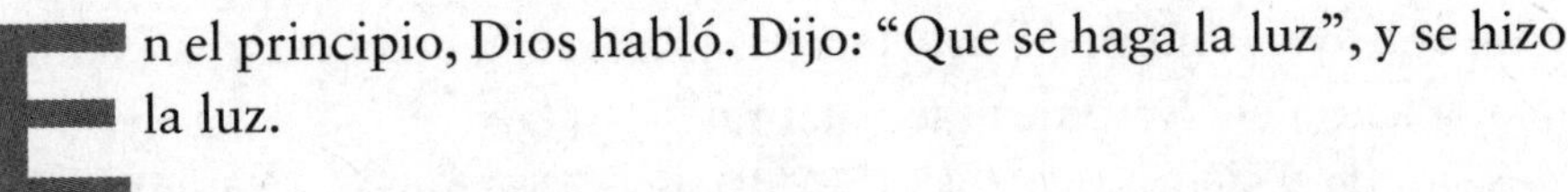

En el principio, Dios habló. Dijo: "Que se haga la luz", y se hizo la luz.

> *Y vio Dios que la luz era buena. Entonces separó la luz de las tinieblas. Dios llamó a la luz "día" y a las tinieblas "noche". Y pasó la tarde y vino la mañana, marcando el primer día* (Génesis 1:4-5).

La historia continúa, y Dios procede a crear todo lo que tiene vida simplemente hablándolo a la existencia. Con una palabra, los vastos océanos y el espacioso cielo se extienden por la tierra. Árboles altísimos y deliciosos arbustos frutales brotaron de la tierra. El sol, la luna y las estrellas ocuparon su lugar en el cosmos. Los peces saltaban en el mar, los pájaros volaban por el aire y los animales correteaban por el suelo. Por último, Dios formó a los seres humanos para que lo administraran todo. El apóstol Juan llamó a Jesús "la Palabra" y confirmó que "la Palabra dio vida a todo lo creado, y su vida dio vida a todos" (Juan 1:4).

Estamos hechos a imagen de Dios y tenemos la Palabra viviendo dentro de nosotros. Por tanto, las palabras que decimos tienen poder. Es tan sorprendente para mí que el primer ejemplo de lo que Dios hizo con sus palabras fue la creación, no la comunicación. Necesitamos actuar más como Dios y tener la misma meta de crear con las palabras intencionales y llenas de fe que salen de nuestras bocas. Creo que la mayoría de los seres humanos utilizan sus palabras para comunicarse y casi nunca para crear intencionadamente. Me atrevería a decir que la mayoría de las personas están destruyendo o creando un futuro oscuro cuando hablan las creencias oscuras y sin esperanza que acechan en sus corazones.

Ahora que has meditado sobre la verdad y la has plantado profundamente en tu corazón, es el momento de declararla en voz alta. Desde Génesis 1 hasta nuestros días, la declaración es la esencia de toda la creación. Nuestras palabras componen los bloques de construcción de nuestra realidad.

En pocas palabras, "declarar para edificar" es la práctica de hablar en voz alta la verdad de la Palabra de Dios que creo en mi corazón y esperar que algo poderoso suceda. Es tener la creencia y ver en mi imaginación el efecto de esas palabras.

Segunda de Corintios 4:13 (NASB) dice: Creí, por eso hablé". Esto me dice que sólo hablar no significa mucho hasta que mis palabras estén respaldadas por mi creencia en lo que estoy diciendo.

Proverbios 18:21 confirma que nuestras palabras pueden edificar o destruir. Dice: "La lengua puede traer muerte o vida; los que aman hablar cosecharán las consecuencias". Curiosamente, la tienda de muebles IKEA llevó a cabo un experimento en colegios de los Emiratos Árabes Unidos que ilustraba la verdad de este versículo. El objetivo era mostrar los efectos destructivos del acoso escolar. Los miembros del equipo de IKEA instalaron dos plantas IKEA idénticas en la escuela y, durante 30 días, invitaron a los alumnos a halagar a una planta y a acosar a la otra. Cada planta recibió la misma cantidad de luz solar y agua. Al cabo de 30 días, la planta alentada estaba sana y floreciente. La planta insultada estaba notablemente marchita y caída.[1] Nuestras palabras son como paquetes de energía, y su contenido tiene efectos tangibles en nuestro entorno.

El cántico de la infancia: "Los palos y las piedras pueden romperme los huesos, pero las palabras nunca me harán daño", es mentira. Nuestras palabras tienen un profundo impacto en el mundo, y las palabras de los demás tienen un profundo impacto en nosotros. Cuando declaramos la Palabra de Dios, le damos más autoridad que a nuestros sentimientos, nuestras circunstancias o lo que digan los demás.

## Las palabras revelan tu corazón

No todas las palabras que dices salen directamente de tu corazón. Como personas, tendemos a decir muchas cosas que no creemos, esto incluye cosas buenas y malas. Decimos cosas como, "Soy bendecido y altamente favorecido" (mientras no creemos ni una onza de eso) o cosas como, "Desearía que nunca me hubiera casado contigo" (no es cierto, pero fue una mala elección de palabras en un momento cargado de emoción). Sin embargo, muchas de las palabras que pronunciamos repetidamente nos dan una muy buena idea de lo que creemos. Nuestras reacciones habituales ante situaciones estresantes también nos dan pistas sobre el contenido de nuestro corazón.

Así que, si quieres echar un vistazo a tu corazón, presta atención a las palabras que dices. Jesús comparó las palabras que pronunciamos con los frutos. Dijo: "Un árbol se identifica por su fruto. Si un árbol es bueno, su fruto será bueno. Si un árbol es malo, su fruto será malo" (Mateo 12:33). Es por eso que tenemos que ser tan intencionales para desarraigar, destruir, derrocar y derribar las creencias no bíblicas. Ahora que nuestro corazón está menos drogado y hemos plantado las semillas de la Palabra de Dios a través de la meditación, podemos producir buenos frutos.

Jesús continuó: "Lo que hay en tu corazón determina lo que dices. Una persona buena saca cosas buenas del tesoro de un corazón bueno, y una persona mala saca cosas malas del tesoro de un corazón malo" (Mateo 12:34-35).

Ahora bien, significa esto que nunca mentimos, decimos cosas que no pensamos o hacemos una broma? En absoluto. Algunas personas se vuelven muy religiosas con esto y se vuelven locas ante afirmaciones que no deben tomarse en serio. Se convierten en "policías de la palabra" y, créeme, no es divertido estar con ellos. Estas personas no se dan cuenta de que sólo son responsables de sus propias palabras, no de las de los demás. Declarar la verdad te hace libre, no debe hacerte sentir como si tuvieras que andar con pies de plomo o de puntillas sobre cada palabra que dices.

A veces, creemos más en las maldiciones que en las bendiciones. Recuerdo la historia de un pastor que puso a prueba esta teoría. Un domingo por la mañana, se puso delante de su congregación y sacó un libro de aspecto antiguo.

Dijo: "Buenos días, iglesia! Hoy quiero leer un poco de este loco libro de hechizos de brujería que encontré para que vean lo ridículo que es esto en realidad". Inmediatamente, la sala se volvió tangiblemente incómoda. La gente empezó a retorcerse en sus asientos y muchos miraban hacia la salida; algunos se levantaron y empezaron a salir discretamente. En medio de la tensión, el pastor hizo una pausa. Luego dijo: "En realidad no estoy sosteniendo un libro de brujería, ni tampoco leería de el pero quería que te dieras cuenta de cuánto más crees en las maldiciones que en las bendiciones, basándome en tus reacciones obvias en este momento. Ciertamente no te emocionas tanto cuando te leo del Libro de la Vida u oro una bendición sobre ti cada semana".

Cuando oí esta historia, me pareció divertidísima, pero también reveladora. Cuando pronunciamos la Palabra de Dios, creemos realmente que encierra la verdad y el poder que pueden transformar nuestras vidas? Este es un componente crucial de la declaración. Las palabras que declaras sólo tendrán poder cuando las creas en tu corazón.

## Disonancia cognitiva

Cuando tu boca está de acuerdo con tu corazón, es poderosa. De hecho, Romanos 10:9-10 confirma que es la fuente misma de nuestra salvación. Dice: "Si declaras abiertamente que Jesús es el Señor y crees en tu corazón que Dios lo resucitó de entre los muertos, serás salvo. Porque creyendo en tu corazón serás hecho justo con Dios, y declarando abiertamente tu fe serás salvo". Creyendo en nuestros corazones y declarando con nuestras bocas es como todo en el Reino viene a pasar.

Pero en algún momento, la gente lo tergiversó y olvidó la parte de la ecuación correspondiente a la creencia. Muchos cristianos piensan que cualquier cosa que digan tiene poder. Piensan que es como los derechos Miranda: "Todo lo que digas puede y será usado en tu contra en un tribunal de justicia!"

De hecho, existe un peligro cuando la gente va por ahí declarando cosas en las que no cree. Crea disonancia cognitiva, que es el fenómeno de tener dos creencias o actitudes contradictorias. En otras palabras, es una hipocresía interna entre la cabeza y el corazón.

Tu puedes haber visto la disonancia cognitiva operar a nivel macro en algunas iglesias y organizaciones. Algunos pastores e iglesias predican el mensaje de que la gracia de Dios nos salva, no lo que hacemos. Dicen todas las cosas correctas, sin embargo, sus operaciones van en contra de su mensaje. Existe una cultura del miedo y, cuando la gente se acerca, se siente herida. Lo que sienten cuando entran en la sala es muy diferente de lo que se predica. Así que la gente empieza a cuestionar la validez de la iglesia y de la fe cristiana en general. Cuando los fallos morales de los líderes y pastores cristianos quedan al descubierto, se repite este doloroso patrón. En resumen, la disonancia cognitiva puede producirse en una congregación cuando los líderes no practican lo que predican.

A nivel individual, la disonancia cognitiva se produce cuando declaramos algo sin creerlo en el fondo de nuestro corazón. Por ejemplo, podemos declarar escrituras como Isaías 53:5 (NVI), "Y por sus heridas fuimos sanados", pero aun así sentimos que debe haber una razón por la que no estamos calificados para recibir sanidad. O declaramos 2 Corintios 8:9, "Para enriqueceros con su pobreza", mientras seguimos sintiéndonos indignos o incluso incómodos al pronunciar la palabra *rico*.

Quiero ser claro sobre esto, podemos *saber* cosas en nuestra mente que no *creemos* en nuestros corazones. *Sabemos* cosas en nuestra mente consciente, que es el lado izquierdo de nuestro cerebro, pero creemos cosas en nuestro corazón, que es realmente el lado derecho de nuestro cerebro donde está nuestro subconsciente. Es en el lado derecho de nuestro cerebro donde se almacena nuestra "identidad". Por eso podemos decir lo que sabemos (conocimiento del hemisferio izquierdo), pero creamos a partir de lo que creemos (creencias del hemisferio derecho). Eso es lo que diferencia entre algo que hemos oído o aprendido y con lo que simplemente estamos de acuerdo, y algo que es verdaderamente nuestro, parte de nosotros, una creencia fundamental o algo por lo que vivimos. Quería exponer esto porque nos ayudará a entender mejor la disonancia cognitiva y los peligros de esta hipocresía interna.

Dicho esto, la gente va por ahí diciendo o declarando cosas que saben que son correctas pero que no necesariamente creen. Muchas veces, ni siquiera saben que no las creen, que es lo que lleva a muchos a la frustración, confusión y nuevas creencias erróneas en los esfuerzos por explicar por qué alguna promesa bíblica no ha funcionado para ellos de la manera que lo ha hecho para otros.

También tenemos que entender que nuestro corazón (cerebro derecho subconsciente) ganará cada vez que luche contra nuestra mente (cerebro izquierdo consciente) en relación con cualquier idea. El lado izquierdo del cerebro funciona a 5 hercios y el lado derecho funciona a 6 hercios. La identidad gana siempre, sea buena o mala. Puedo aprender un nuevo principio bíblico que me diga que soy hijo de Dios, pero si mi corazón sigue creyendo que no soy suficiente y que soy huérfano, ahogará la nueva revelación y la matará. Entonces seguiré actuando y viviendo como un huérfano porque la creencia de mi corazón sigue siendo la de un huérfano. Esto explica por qué muchas veces luchamos contra esta dualidad de lo que sabemos que es verdad por la Palabra de Dios y lo que seguimos viviendo.

Una de las mayores disonancias cognitivas conocidas entre muchos cristianos es la cuestión de si somos pecadores o justos. Muchos se enorgullecen de llamarse pecadores salvados por la gracia y menos creen que en realidad son la justicia de Dios en Cristo Jesús. Aquellos que creen ser pecadores salvados por la gracia luchan más con el pecado porque en el fondo, aún creen que son pecadores. Y los pecadores van a pecar, pecar, pecar. Aquellos que verdaderamente creen que ahora son justos por gracia dejan de pecar porque eso ya no es lo que son. La identidad dicta su comportamiento, no al revés. Aprender a vivir y operar desde el corazón, el lugar donde vive nuestra identidad, es la manera de vivir por gracia. Vivir por gracia significa que Dios nos da poder. Lo contrario, sin embargo, es vivir desde el conocimiento (el conocimiento envanece, 1 Corintios 8:1), que es un trabajo duro. En esta vida, tratamos de comportarnos para determinar nuestra identidad. Es un sistema basado en las obras.

Así que debemos aprender a vivir desde el corazón.

Necesitamos alinear nuestra boca con nuestro corazón, y veremos esas cosas manifestarse en nuestras vidas. La mayoría de las personas hablan lo que saben y no ven nada creado. Hablar lo que sabemos y esperar que el poder se manifieste es como disparar balas de salva. Están vacías de poder. Por otro lado, hablar lo que creemos, lo que es nuestro, lo que viene de quienes somos, está lleno de poder y creara y manifestara la Palabra de Dios. Esta hipocresía interna con la que viven muchos, es muy dañina. Es como tener una casa dividida contra si misma dentro de nosotros. Sabemos y decimos algo, pero no siempre lo creemos. Suena bien. Es la verdad. Pero todavía no es nuestra porque hay creencias más grandes, profundamente arraigadas y opuestas que luchan contra ella. Estas son las creencias erróneas que necesitamos desarraigar, destruir, derribar y demoler para que podamos plantar y edificar la Palabra de Dios en nuestros corazones y producir al cien por ciento!

La salvación viene porque lo crees en tu corazón y lo dices con tu boca. La sanidad viene porque crees que Dios puede y quiere sanarte, y entonces lo declaras en voz alta. De otra manera, te frustrará porque la sanidad no está sucediendo y pensarás, "Tengo que declararlo más! Tengo que declararlo más fuerte". Esta compulsión puede ser dolorosamente frecuente cuando conoces las promesas de Dios pero no las experimentas.

Sólo puedes reproducir lo que hay en tu corazón. Por ejemplo, Jesús nos dice que el mayor mandamiento es amar a Dios y amar a los demás (Mateo 22:37-38). Sin embargo, qué haces cuando te das cuenta de que en realidad no amas a las personas de tu oficina o iglesia? Finges y tratas de convencerte de que los amas? No. Si lo haces, experimentarás una disonancia cognitiva con el amor porque tu cabeza dice que debes amar, pero tu corazón sabe que no es así. Si quieres reproducir el fruto del Espíritu, debes invitar a Dios a ese espacio. Confiesa tus verdaderos sentimientos y pídele que te ayude a amar a los demás como Él lo hace. Luego, medita y declara verdades bíblicas que tengan que ver con el amor. Esa es una oración que Él responderá siempre! Con respecto a la sanidad, su declaración puede necesitar ser, "Estoy listo para creer por mi sanidad", no, "Estoy sanado, estoy sanado, *estoy sanado!*" Cuando mi pierna se estaba recuperando del accidente de moto cross, no fui por ahí profesando mi sanidad como si ignorara los tornillos que sujetaban las barras metálicas a mi fémur y tibia. En lugar de eso, dije: "El poder de Dios está actuando dentro de mí, y hoy será mejor que ayer". La fe no niega el problema, pero si le quita el poder de hacerse más grande que Dios en tu vida.

Si no crees plenamente una verdad bíblica, no trates de convencerte a ti mismo por sentimientos de incapacidad o vergüenza. Esto sólo hará que te sientas alejado de Dios o como un hipócrita. En lugar de eso, pídele a Dios cosas como:

- Qué hay en mi corazón que se opone con tanta fuerza a esta verdad?
- Por qué no puedo creer que esta promesa es para mí?
- Qué creencia tóxica, imagen negativa o memoria destructiva se opone a Tu Palabra en mí?

Si quieres tener fe, Dios te guiará a una fe que hará inconmensurablemente más de lo que puedas pedir o imaginar (Efesios 3:20). Sin embargo, si ignoras el proceso de combatir la disonancia cognitiva, sólo crearás más conflictos internos y retrasarás la manifestación de la Palabra revelada de Dios en tu vida. El Espíritu Santo es asombroso y te guiará a toda la verdad (Juan 16:13). Así que, cada vez que el Espíritu Santo te haga consciente de tu disonancia cognitiva, anímate! Ahora sabes exactamente qué orar para desarraigar y tienes un plano de qué tipo de escrituras meditar.

## La fe que mueve montañas

Una tarde, Jesús tenía hambre y buscaba un bocado. Marcos 11:13-14 dice: "Se fijó en una higuera que estaba en plena hoja, un poco lejos de allí, y se acercó a ver si encontraba higos. Pero sólo había hojas, porque era demasiado pronto para que hubiera frutos". Cuando Jesús vio que no había higos en el árbol a pesar de sus frondosas hojas, declaró: "Que nadie vuelva a comer de tu fruto!"

Jesús estaba más que hambriento aquí. No maldijo al árbol porque no tuviera fruto; lo maldijo porque no tenía fruto mientras actuaba como si lo tuviera. Era una metáfora de los fariseos y líderes religiosos que seguían la ley y mantenían normas estrictas, pero no daban el fruto de Dios: amor, alegría, paz, paciencia, bondad, fidelidad, amabilidad y autocontrol.

Cuando Jesús y los discípulos pasaron junto a la higuera al día siguiente, estaba muerta.

> *Entonces Jesús dijo a los discípulos: "Tened fe en Dios. Os aseguro que podéis decir a este monte: 'Que te levante y te arroje al mar', y sucederá. Pero vosotros debéis cree de verdad que sucederá y no tengas ninguna duda en tu corazón. Os digo que podéis pedir cualquier cosa, y si creéis que la habéis recibido, será vuestra"* (Marcos 11:22-24).

En aquella época, "montaña" era una forma popular de referirse a cualquier problema colosal. Cuando declaras la Palabra de Dios sin dudar, Él hará en ti lo que parece imposible. Jesús instó a los discípulos a creer en sus corazones, no sólo a profesar que creían. No quería que fueran personas religiosas que aparentaban serlo por fuera, pero que por dentro carecían de la esencia de su fe. En otras palabras, Jesús no quiere que seas como la higuera maldita. Si pides algo con fe, necesitas creer que lo has recibido antes de ver los resultados de tu oración con tus ojos físicos.

En la misma enseñanza, Jesús habla del perdón con los discípulos. dice: "Cuando estéis orando, perdonad primero a todos los que os guarden rencor, para que también vuestro Padre que está en los cielos os perdone vuestros pecados" (Marcos 11:25). A Dios le importa más la condición de tu corazón que el hecho de que hagas grandes cosas por Él. Es como si Dios dijera: "Me importa más tu carácter que todas las cosas increíbles que vas a hacer con ese dinero que te doy". No puedes tener una gran capacidad en el Reino de los Cielos sin tener un carácter fuerte y piadoso.

Por lo tanto, las palabras llenas de fe tienen el poder de crear o destruir. Con ellas se cumple la parte de Jeremías 1:10 que dice "edificad". La pregunta ahora es, qué estás construyendo?

Al igual que Dios creó el mundo con las palabras que pronunció, tú, hecho a su imagen y semejanza, también puedes crear el mundo que vives y experimentas con el poder de tus palabras -específicamente, las palabras en las que crees profundamente-.

## Declara vida sobre ti mismo

A través de la oración, has identificado cualquier mentalidad y fortaleza contraria a la Palabra de Dios. En meditación, has reemplazado esos pensamientos negativos plantando las semillas de las escrituras. La Palabra ha estado trabajando dentro de ti, y ahora es el momento de declarar esas verdades en voz alta.

Digamos que estas enfermo y haz luchado con la siguiente mentira: "Mi condición es un caso único, por lo que Dios no me sanará", o "He tenido esta enfermedad durante demasiado tiempo. Ahora forma parte de mí, así que la sanidad no funcionará para mí".

En cuanto a las escrituras, meditaste sobre Isaías 53:5 y Mateo 4:23-34. Ahora, su declaración implica leer esas escrituras y una declaración veraz en voz alta.

### Escrituras

> *Pero fue traspasado por nuestra rebelión, aplastado por nuestros pecados. Fue golpeado para que pudiéramos ser sanos. Fue azotado para que pudiéramos ser sanados* (Isaías 53:5).

> *Jesús recorrió toda la región de Galilea, enseñando en las sinagogas y anunciando la Buena Nueva sobre el Reino. Y curaba toda clase de enfermedades y dolencias* (Mateo 4:23).

## Declaración

*Recibo sanidad y me aferro a la Palabra de Dios que me dice que estoy sano. Tomo mis pensamientos cautivos momento a momento. Señor, revela cualquier cosa en mi alma que me impida recibir todo lo que Tú tienes para mí, incluyendo la salud perfecta. Soy digno de la plenitud. No necesito la atención que trae la enfermedad; la enfermedad no es parte de mi identidad. Soy escuchado, amado y apreciado sin la enfermedad.*

Cuando la mentira "Nada me sale bien" se te meta en la cabeza, tendrás munición para destruirla.

Después de tu declaración, prueba tu corazón. Qué tan cierto te sentiste cuando hiciste tu declaración bíblica personalizada? Pudiste imaginarte sanado? Pudiste sentir alguna emoción asociada con lo que estabas diciendo? O las palabras que decías parecían falsas? Respondiendo a estas preguntas es como puedes comprobar cuáles son realmente tus creencias. Entonces, sabrás si debes orar o no: "Sí! Esta verdad es mía. Puedo y sentirla plenamente". O: "Empiezo a creer que esto es mío!". O, "Creo, pero ayuda a mi incredulidad".

Recuerda que la pureza de tus creencias importa más que las palabras que digas. Una palabra llena de fe tiene más poder que una letanía de mentiras. Jesús ilustró esto cuando Él y sus discípulos estaban en el mar en medio de una terrible tormenta. Los discípulos estaban aterrorizados, pero lo único que Jesús les dijo fue: "Silencio! Quietos!" Inmediatamente reinó la calma (Marcos 4:39 NVI). Jesús te da el mismo poder y autoridad. Sin embargo, ese poder sólo puede fluir a través de tu sistema interno de creencias. Jesús no tenía imágenes negativas, creencias toxicas o memorias destructivas que impidieran ese flujo. Así es. Esa es una gran diferencia entre Jesús y tú. Su sistema de creencias estaba completamente alineado con la Palabra de Dios; por lo tanto, todo lo que Él hablaba salía sin ningún filtro malo, sin creencias opuestas, sin disonancia cognitiva, sin duda, sin lucha interna. Y puedes observar los poderosos resultados de Su ministerio en la tierra. Él te dio permiso para hacer lo mismo y más! Él te dio Su nombre y autoridad. Sólo necesitas hacer el trabajo de corazón para estar completamente alineado con el Espíritu y la Palabra de Dios. Qué emocionante!

Así que, cuanto más destruyas las fortalezas impías y construyas fortalezas bíblicas...

más tu corazón creerá verdaderamente la Palabra de Dios. Entonces, mientras declaras esas cosas buenas, comerás el buen fruto de las promesas que hablas, como promete Proverbios 18:21!

## Intercesión mediante la declaración

Anteriormente establecimos que orar no es rogarle a Dios, ni tratar de convencerlo de que haga algo en lo que Él está en contra. También hemos establecido que somos agentes del cielo con la autoridad de traer los propósitos y promesas de Dios a la tierra. Somos los agentes de la reconciliación de personas al Padre a través de Jesús. Dios necesita nuestras oraciones, y necesita que hagamos nuestra parte para que Él pueda hacer la suya. Como siempre digo, nosotros hacemos lo natural, y Él hace lo sobrenatural. Todo esto sucede en colaboración con Dios; así que cuando hemos escondido Su Palabra en nuestros corazones y ahora estamos hablando palabras llenas de poder, creando y manifestando el cielo como lo hizo Jesús, nuestra intercesión adquiere otro nivel.

Cuanto más conozcas la Palabra de Dios, mas autoridad llevaras porque sabrás lo que se necesita en cada momento. Debes aprender como liberar y operar en el espíritu opuesto de lo que está atacando o influenciando negativamente una situación.

Aquí es donde la declaración se vuelve realmente emocionante. Sabemos que Dios quiere traer Su Reino a la tierra, y las Escrituras nos dan mucha información sobre bienes del Reino como la paz, la justicia y la alegría. Así, cuando declaramos la paz en una situación caótica, Dios se mueve. Cuando declaramos justicia en medio de la opresión, Dios se mueve. Cuando declaramos alegría en medio de la desesperanza, Dios se mueve.

Sólo se necesita una pequeña cantidad de fe para mover las montañas de tu mundo, los lugares de dolor, sufrimiento y quebrantamiento. De nuevo, Mateo 17:20 dice: "Les aseguro que si tuvieran fe tan pequeña como un grano de mostaza, podrían decirle a esta montaña: 'Muévete de aquí para allá', y se movería. Nada sería imposible".

Al final del resumen de este capítulo, te he dado ejemplos de lo que debes declarar. El próximo capítulo desglosará la oración bíblica de la que le he estado hablando para que puedas orarla sobre tu corazón diariamente. Verás un tremendo avance y sanidad a un ritmo rápido cuando entiendas y comiences a orar esta oración.

## Resumen del capítulo

- Dios utilizó las palabras primero para crear, después para comunicar. Tus palabras pueden ser paquetes de poder llenos de fe que utilizas para crear tu realidad.
- Declarando la Palabra de Dios es como tomas tu autoridad cuando intercedes y te construyes a ti mismo y a otros. También es la forma en que haces avanzar el Reino de Dios cuando estás orando.
- Creer es un componente esencial de las declaraciones llenas de poder. Cuando no crees las palabras que dices, creas una disonancia cognitiva, una forma de hipocresía interna que hace que estés dividido contra ti mismo en lugar de estar de acuerdo. Por tanto, el objetivo es alinear tu boca con tu corazón.
- Cuando declaras la Palabra de Dios sin dudar, Él hará lo que parece imposible en tu vida.
- Cuando pides algo con fe, necesitas creer que lo has recibido antes de ver los resultados de tu oración con tus ojos.

## Activar: Declaraciones

Entonces, cómo saber qué declarar? Como en la meditación, es declarar las escrituras que se alinean con las áreas donde quieres crecer o donde necesitas un avance. Qué mentiras necesitas reemplazar con la verdad? Dónde quieres ver un avance? A qué recordatorios necesitas aferrarte a lo largo del día?

Me gusta utilizar el fruto del Espíritu como guía para evaluar las áreas en las que necesito crecer. Por ejemplo, si tengo depresión o me encuentro continuamente triste y débil, miro el fruto del Espíritu y me doy cuenta de que me falta alegría, que es el espíritu opuesto. Identifico lo que ha estado robando mi gozo, y entonces estoy listo para declarar escrituras de gozo. Mientras declaro estas escrituras, necesito ser brutalmente honesto conmigo mismo y evaluar que tanto creo lo que estoy diciendo. Digamos que sólo lo creo en un 50 por ciento, eso está bien y es muy saludable reconocerlo para no sentir culpa y condena o terminar creando una disonancia cognitiva tratando de decirme a mí mismo que lo creo completamente.

Después, tengo que meditar en estas escrituras día tras día, viéndome a mí mismo en la imagen, sintiendo que las escrituras se hacen mías cada día más.

Después, hago un seguimiento de ese porcentaje a medida que aumenta día tras día. Esto podría tomar un mes de meditación diaria porque tienes que recordar que estas derribando fortalezas que has construido toda tu vida.

He aquí algunos ejemplos de declaraciones basadas en el fruto del Espíritu. Asegúrate de modificarlas y hacerlas personales:

## Amor

*Dios me ama tanto que Jesús dio su vida por mí. Él satisface gustosamente cada necesidad. Se interesa intensamente por cada detalle de mi vida, y me equipa con todo lo que necesito para servirle bien. Se deleita en lo que soy y se regocija por mí cantando.*

## Alegría

*Cada día es un regalo, y elijo abrirlo con alegría y gratitud. La felicidad depende de las circunstancias, pero la alegría llega a pesar de las circunstancias. Elijo la alegría. Dios crea deseos en mí para que Él pueda tener la alegría de cumplirlos. Él quiere darme los deseos de mi corazón. Si confío en Él, no me negará nada bueno.*

## Paz

*Cuando confío en Dios, Él me mantiene en perfecta paz. Él es perfecto, y Su camino para mí es perfecto, basado en Su gran amor por mí. Siempre puedo estar en paz sabiendo que Dios quiere bendecirme.*

## Paciencia

*Espero pacientemente que Dios, en Su amor, me dé lo que necesito cuando lo necesito. Puedo relajarme completamente en Su amor y cuidado, sabiendo que Él me está guiando hacia un futuro glorioso. Cuando dejo de esforzarme y confío en Dios, Él obra poderosamente en mi vida.*

## Amabilidad

*Los que han sido duros conmigo probablemente fueron tratados así ellos mismos en algún momento. Elijo perdonarlos y empezar un ciclo de bondad y compasión.*

## Bondad

*El Señor es mi Buen Pastor. Nada bueno me falta, y puedo contar con que Dios derramará su bondad y su misericordia en todos los ámbitos de mi vida.*

## Confianza

*Puedo confiar en mi Señor con todo mi corazón, sabiendo que Él satisface gustosamente y con amor todas mis necesidades y trae cosas buenas a mi vida. También cura todas mis heridas y enfermedades. Puedo entregarle todos mis problemas, porque Él se ocupa de mí, comprende mi dolor y se deleita en responder a mis oraciones.*

## Fidelidad

*Dios es fiel en cumplir las promesas que me hace. Mis sueños futuros y mi tarea actual vienen de Dios. Dios me capacitará para ser fiel como Él es fiel. Puedo trabajar diligentemente, sabiendo que al que es fiel con poco se le puede confiar mucho.*

## Humildad

*Acepto mis limitaciones humanas y mis necesidades. Hago lo que está 100 por ciento bajo mi control y confío en Dios para que se ocupe de las tareas, las personas y los acontecimientos a los que no puedo llegar o que no puedo controlar. Dejo de estresarme y elijo dejar que Dios sea Dios. Pongo mi esperanza en el amor inagotable de Dios, no en lo que la gente piense de mí.*

## Autocontrol

*Todo lo puedo en Cristo Jesús, que me da fuerza. Él me ha dado el poder de decirme a mí mismo lo que tengo que hacer y de obedecer la voz del Espíritu Santo incluso cuando es incómodo o cuando mi carne lucha contra mí. Me rindo a Dios y vivo según sus principios. Cuando me deleito en Dios, Él me da los deseos de mi corazón.*

## Nota

1 Global News, "IKEA conducts a bullying experiment on plants—the results are shocking, https://globalnews.ca/news/4217594/bully-a-plant-ikea.

## CAPÍTULO 8

# UNA ORACIÓN BÍBLICA PARA LA SANIDAD COMPLETA DEL CORAZÓN

Ahora que han llegado juntos hasta aquí, tienen las piezas del rompecabezas que necesitan para sanar cualquier área de su vida y lograr un avance donde sea necesario. Jesús nos dio acceso a Su obra terminada en la cruz. Cuanta más libertad, integridad, victoria y prosperidad experimentes, más recibe Jesús la recompensa de lo que pagó para que tuvieras. Él vino para que tengas vida y la tengas en abundancia (Juan 10:10).

Ahora tienes conocimientos sobre la oración, la meditación y la declaración, así como formas sencillas de utilizar estas herramientas de maneras que antes no sabías. Ahora, el siguiente paso es unir las piezas. Ésa es la parte en la que te ayudo. La oración, la meditación y la declaración es algo que probablemente conoces desde hace mucho tiempo, pero cómo y dónde utilizarlas para lograr la plenitud, la sanidad y los avances de los ciclos de toda la vida es algo que la mayoría de la gente no sabe. Ha llegado el momento de poner en práctica esta revelación para que puedas experimentar una transformación duradera. Ya hemos hablado del qué, pero este capítulo trata del cómo.

Hagámoslo práctico y vayamos a la aplicación diaria. Sin embargo, es extremadamente importante que entiendas todo esto antes de simplemente tomar la oración bíblica y recitarla cada mañana y convertirla en religión, lo que entonces la haría impotente.

Dios me mostró la oración bíblica como una manera de orar de acuerdo con las promesas en Su Palabra. Al orar esta, el objetivo es colaborar con el Espíritu Santo para abordar intencionadamente las piezas perdidas, rotas y desconocidas que te impiden una sanidad completa. Como dijimos en el Capítulo 5, la oración no consiste en decir las palabras correctas en el orden correcto, sino en creer lo que se está diciendo.

Te animo a que ores esto a diario mientras atraviesas el proceso de sanidad. Hacerlo ha revolucionado mi vida, la de mi esposa e innumerables vidas en nuestra congregación. Es una oración de tu corazón y para tu corazón. Cada línea se deriva de las Escrituras, así que al leerla en voz alta cada día, estarás meditando y declarando la verdad.

He aquí el testimonio de una mujer de mi iglesia llamada Jean, que padecía migrañas y enfermedades crónicas:

La oración bíblica es estupenda para pedir al Espíritu Santo que señale las falsas creencias que producen dolor en nuestras vidas y cuerpos. Desde que empecé a orarla, ya no tengo migrañas. Solía enfermarme todo el tiempo, especialmente cerca de grandes trabajos y eventos como mi cumpleaños. Gracias al trabajo del corazón, ahora estoy mucho más sana! Dios me ha liberado a un nuevo nivel que está muy por encima de mis creencias anteriores. Ya no uso la enfermedad como un escudo para esconderme cuando pienso que no soy lo suficientemente buena para algo.

A fin de cuentas, la pregunta es: "Qué hay dentro de mí que se opone directamente a que la verdad de la Palabra de Dios actúe en mí?". Jean se dio cuenta de que estaba invitando a la enfermedad a su vida porque se sentía inadecuada. Quería una excusa que le permitiera renunciar a sus responsabilidades o que le explicara por qué se veía tan poco capacitada. A través de esta oración, Dios le reveló lo amada y valiosa que era, lo que le ayudó a combatir la enfermedad. Del mismo modo, la oración bíblica te ayudará a eliminar cualquier mentira autodestructiva que te impida caminar en la plenitud de la vida y la salud.

La oración no pretende sustituir a tus devociones diarias, y debería llevarte siete minutos como máximo, dependiendo de lo estés haciendo.

Es una manera robusta de combinar todo lo que has aprendido acerca de la sanidad en este libro. Cuando oramos esta oración, estamos orando para desarraigar, derribar, destruir y derrocar las imágenes negativas, los sistemas de creencias toxicas y las mentiras que se oponen a la Palabra de Dios. Estamos meditando para plantar y esconder la Palabra de Dios en nuestros corazones. Finalmente, declaramos la Palabra de Dios para construir y hacer realidad las realidades del cielo y las promesas de Dios.

Así que vamos a desglosarlo sección por sección para que puedas entender lo que vas a orar.

## Invitar al Espíritu Santo

*"Espíritu Santo, te pido..."*

El Espíritu Santo es la persona que está con nosotros en la tierra para guiarnos a toda verdad y libertad. Juan 14:26-17 dice que Él es nuestro abogado, consolador, alentador y consejero. Juan 8:32 confirma que a través de Él, "Conoceréis la verdad, y la verdad os hará libres". Cuantas más veces pases por el proceso de esta oración, mayores niveles de libertad experimentarás. Jesús te hizo libre. Abrió las puertas de la prisión y quitó los grilletes de todo lo que te ataba. Ahora, es tu trabajo seguirlo fuera de la celda. Muchos cristianos permanecen en sus celdas de prisión a pesar de que Jesús ya abrió la puerta. En esta oración, tú comienzas ese proceso pidiéndole a Dios que te revele las áreas que te mantienen cautivo.

En el Salmo 139:23, el rey David oró: "Examíname, oh Dios, y conoce mi corazón". Eso es exactamente lo que pedirás en esta oración. El Espíritu Santo es quien escudriña tu corazón, así que no puedes hacer el trabajo del corazón sin Él. No puedes sanarte a ti mismo, y no puedes tratar de arreglar todos tus problemas a la vez. Como dijo Jesús: "Separados de mí nada podéis hacer" (Juan 15:5). Tal vez pienses: "Bueno, puedo hacer algunas cosas". Eso es cierto. Todos podemos hacer algunas cosas. Sin embargo, tu solo no puedes hacer lo sobrenatural ni nada de valor eterno. Si has estado esperando la sanidad y todavía no la has experimentado, es tiempo de dejar que el Espíritu Santo tome el control.

El Espíritu Santo dirige el proceso de sanidad y conoce el orden correcto de las operaciones. El trata con los asuntos que más te están dañando. Si alguien que fuma y bebe se vuelve al Señor, la religión quiere modificar el comportamiento de esa persona de inmediato. Sin embargo, la agenda del Espíritu Santo podría ser completamente diferente. El Espíritu Santo podría querer tratar la raíz del problema primero y los síntomas de fumar y beber al final. Él conoce el corazón de esa persona, así que sabe dónde empezaron los problemas y las adicciones.

## Pídele al Espíritu Santo que encuentre las cuestiones conocidas *y* desconocidas

Todos tenemos puntos ciegos. Hay sistemas de creencias ocultos en nuestro subconsciente que no sabemos que no conocemos. Así es, aunque suene extraño, hay cosas que no sabes que no sabes. Aunque no los reconozcamos, afectan profundamente nuestras vidas porque siempre están en el trasfondo tomando decisiones por nosotros. Necesitamos el poder y la luz del Espíritu Santo para iluminarlos. Como David, tenemos que orar: "Cómo puedo conocer todos los pecados que acechan en mi corazón? Límpiame de estas faltas ocultas" (Salmo 19:12). Dejar que el Espíritu Santo guíe tu viaje de sanidad requiere renunciar a tu entendimiento (Proverbios 3:5-6). No acudas a Él con un diagnóstico y una prescripción. En lugar de eso, pídele que te indique las áreas desconocidas en las que necesitas sanidad. Esta es la diferencia entre una relación y una religión. Una religión dice: "Dime lo que debo decir y hacer para que pueda controlar el resultado". Una relación dice: "Quiero estar contigo, y confío en Ti para que me guíes por la vida cuando estoy en la oscuridad".

No puedes planear o controlar a Dios. En vez de eso, lo experimentas. Cuando haces esta oración bíblica, invitar al Espíritu Santo se escucha como una conversación donde le preguntas:

- De qué quieres hablar hoy?
- Qué quieres restaurar hoy?

- Qué quieres que crea diferente hoy?
- Qué vamos a hacer hoy como Padre e hija/hijo?

## Pide al Espíritu Santo que encuentre tres cosas

> *"...encontrar todas las imágenes negativas, creencias toxicas, memorias destructivas y todos los problemas físicos relacionados con ____________ en mi cuerpo/vida".*

Rellena el espacio en blanco con el área que necesitas sanar. Puede tratarse de un problema físico, como hipertensión, diabetes, alergias, dolor de piernas o estrés. O puede ser algo menos tangible, como la ira, la adicción, el miedo, los problemas económicos o la lujuria. Cuando haces esto en realidad estás diciendo: "Encuentra los problemas de raíz, Espíritu Santo". Podemos rastrear la mayoría de nuestros problemas de salud a nuestra vida de pensamientos, ya sea salud física, emocional, relacional o financiera. (Recuerda, 98 por ciento de los problemas de salud están relacionados con el estrés!) Así que, como discutimos al principio del libro, nuestra sanidad depende de que tomemos nuestros pensamientos cautivos y renovemos nuestras mentes a la Palabra de Dios. Sin embargo, primero debemos ser capaces de identificar esas imágenes negativas, creencias toxicas y memorias destructivas. El Espíritu Santo te ayudará a hacerlo en esta oración.

Las imágenes negativas son cuando tu percepción de la normalidad va en contra de la intención y el diseño de Dios. Por ejemplo, las imágenes mentales que tú tienes acerca de lo siguiente, podrían poner un obstáculo en tu sanidad si se oponen a la verdad bíblica:

- Dinero= mal
- Matrimonio= duro
- Sanidad= imposible
- Hombres= abusivos

- Mujeres= débil
- Paternidad= estresante
- Iglesia y servir a Dios= aburrido
- Sexo= sucio
- Dios= enfadado

Estos son siete ejemplos de las imágenes negativas que tiene mucha gente. No son puntos de vista bíblicos sobre esos temas y las imágenes negativas pueden ciertamente afectar esos aspectos de tu vida y obstruir grandemente la voluntad de Dios para ti. Cada una de esas palabras a la derecha vienen con una imagen y muchas veces eso es todo lo que hay. No hay historia, no hay contexto, sólo una imagen que te impactó de una situación de la vida real o incluso una ficticia como una película o algo que viste en una revista o en línea.

En algún momento, te amoldaste involuntariamente al mundo y adoptaste sus imágenes de lo que Dios había creado perfecto. Entonces comenzaste a asociar todo en esa categoría con las mismas imágenes negativas. Por eso muchos cristianos no van a la iglesia. Tuvieron una experiencia negativa de la iglesia, así que se quedaron con una imagen negativa de la iglesia, y es difícil para ellos intentarlo de nuevo. El dinero es otro excelente ejemplo. Muchas personas en el cuerpo de Cristo tienen una imagen negativa del dinero. Adoptaron la creencia de que es malo que los cristianos se preocupen por el dinero, así que lo asocian con avaricia, soledad y egocentrismo. Así, cada vez que se les presenta una buena oportunidad para un avance financiero, su subconsciente lo sabotea. Tú tienes imágenes negativas de muchas cosas, pero eso no significa que esas imágenes representen la verdad. Dios quiere sanarlas para que tú puedas ver como El ve. Dios te dará nuevas imágenes para reemplazar las viejas imágenes negativas.

Los sistemas de creencias malsanos son ideas en torno a un determinado tema que se oponen a la verdad bíblica. Otro nombre para los sistemas de creencias toxicas es fortalezas. Para repasar, construimos fortalezas un pensamiento a la vez reuniendo evidencia que apoya esas creencias. Por ejemplo, el enemigo susurra la mentira de que tu no perteneces. Entonces, dejas que cualquier cosa que se parezca al rechazo confirme esa mentira hasta que estás convencido de que es verdad. Incluso si tienes la aceptación delante de tus narices, corres el alto riesgo de rechazarla y sabotearla porque tú tienes la necesidad de tener razón. En última instancia, las fortalezas son defensas mentales que nos impiden conocer la verdad y experimentar una vida abundante con Dios.

En este proceso, tu "llevas cautivo todo pensamiento para obedecer a Cristo", como lo instruye 2 Corintios 10:5 (RVR1995). Muchas creencias toxicas impiden que la gente viva la vida abundante. "Todos los hombres son malos", "Mi familia siempre estará en bancarrota", "Las cosas buenas no duran en mi vida".

"Todos me traicionan", "Nunca encontraré un cónyuge piadoso", "Dios está enojado conmigo y me está castigando", etc. Así es como el enemigo roba, mata y destruye (Juan 10:10).

Una mujer llamada Christy, de mi iglesia, tiene un poderoso testimonio sobre el impacto que esta parte de la oración tuvo en su vida:

> Dios me sanó del miedo a los hombres, solía ser tan complaciente con la gente! Me dijo que nunca estaba sola e inmediatamente me quitó el miedo al abandono, ni siquiera sabía que tenía. Además, he dejado de tomar por completo uno de mis medicamentos y se ha reducido la dosis de otros dos.

Christy vivió con una fortaleza oculta de abandono toda su vida hasta que Dios se la reveló. Al derribar la fortaleza, los problemas físicos también comenzaron a sanar. Nuestra sanidad física está a menudo ligada a un problema de raíz del que no sabríamos nada sin el poder del Espíritu Santo.

Las memorias destructivas son recuerdos del pasado que destruyen la imagen que tienes de ti mismo, de Dios o de los demás. Aunque hayan sucedido hace mucho tiempo, siguen tomando decisiones por ti y te impiden experimentar la plenitud de la vida. Si eres padre, habrás oído hablar de la Ley de lo Primero. En esencia, significa que la primera vez que los niños oyen hablar de algo es muy importante porque esa voz se convertirá en la autoridad sobre ese tema. Si tus hijos oyen hablar de sexo por primera vez a un amigo del colegio, ese amigo va a ser la autoridad con la que sus hijos midan cualquier otro hecho y opinión de ese tema (aunque ese amigo no sepa nada).

Esta es también la razón por la que nuestras primeras experiencias en la iglesia pueden ser tan determinantes. Supongamos que tu creciste en una iglesia legalista, de fuego y azufre, que mostraba una imagen airada de Dios. Al principio, probablemente te resultará más difícil aceptar a Dios como un Padre bondadoso y amoroso. Guardamos memorias sobre todos los temas desde la primera vez que oímos hablar de ellos. Por eso, presta atención a las memorias que el Espíritu Santo hace aflorar durante tus oraciones. Son indicadores clave de los problemas de fondo.

Las memorias destructivas pueden ser conscientes o subconscientes. Al igual que tenemos memoria muscular, también tenemos memoria celular. Nuestras células tienen memorias que se remontan hasta antes de que naciéramos. Mi esposa tiene un poderoso testimonio sobre esto. Cuando estaba en el vientre materno, su madre iba a abortarla. Aunque no lo supo hasta que fue adulta, afectó a su autoestima y a su sentido de pertenencia. Había memorias de rechazo de cuando iba a ser abortada en sus células. (Dios la curó, pero hablaremos de ello más adelante).

Además, nuestros padres y abuelos transmiten maldiciones generacionales incluso a nivel celular. Cuando digo maldiciones, me refiero más a las practicas impías y puntos de vista anti bíblicos que hemos heredado de ellos. Cosas por las que ahora necesitamos luchar nosotros mismos para alinearnos al camino de Dios. Las maldiciones generacionales pueden ser en forma de adicciones, divorcios, comportamientos tóxicos, tradiciones paganas, visiones impías del mundo, incluso reacciones tóxicas, y más. Estas no son bendiciones que fueron pasadas sino maldiciones. Cosas de las que nos contagiamos, aunque no nos fueron enseñadas directamente.

Cuando me refiero a maldiciones generacionales transmitidas a nivel celular, recomendaría la lectura del libro *Switch on Your Brain* de la Dra. Caroline Leaf, donde detalla su extensa investigación sobre cómo nuestro ADN transmite cosas que nos han sido transmitidas como cáncer potencial, adicciones, comportamientos criminales, etc.

No creo en las maldiciones generacionales como muchos cristianos piensan de ellas. No creo que haya maldiciones que te hayan sido transmitidas y sobre las que no tengas poder o que haya maldiciones de las que seas víctima o que necesites hacer frente a todo lo que tus padres hicieron en sus vidas para romper esas maldiciones. Creo que somos responsables de abordar las áreas en nuestras propias vidas que están ausentes de abundancia y prosperidad, y eso a veces estará conectado con algo que heredaste de tus padres o abuelos. Si el Espíritu Santo revela eso, lo abordas. Pero no creo en las cazas de brujas salvajes e interminables. El Espíritu Santo nos conduce a toda la verdad.

Por otro lado, no queremos ser como el testarudo cristiano que está sufriendo terriblemente y sigue declarando que es una nueva creación, bendecido y altamente favorecido y por lo tanto no hay maldición generacional en su vida. Tal vez la haya.

Las memorias traumáticas o TEPT son otra categoría de memorias destructivas que afectan a nuestras vidas. Si recuerdas, Dios me sanó de esto después de que tuve el accidente. Ni siquiera podía subirme a un carro o manejar hasta que el Espíritu Santo sanó esas memorias del accidente.

Así que, en esta oración, estamos diciendo: "Espíritu Santo, encuentra todas las memorias heredadas, celulares, conversacionales y traumáticas que nos están impidiendo la vida abundante, la prosperidad y la plenitud". El siguiente paso después de que el Espíritu Santo revele estas memorias es invitarle a sanarlas.

## Colabora con Dios para tomar el territorio de tu corazón

*"Te pido que los abras y los sanes..."*

Una vez que estés consciente de las imágenes negativas, los sistemas de creencias toxicas y las memorias destructivas que se esconden en tu corazón, tu sanidad dependerá de que los eches fuera para siempre. Esta es la parte de la oración en la que trabajas con Dios para desarraigar, destruir, derrocar y derribar cualquier gigante o habitante no deseado en la tierra de tu corazón. La buena noticia es que Dios va delante y detrás de ti para ayudarte a destruir a tus enemigos. Cuando le pides que abra y sane lo que te está lastimando, lo invitas a luchar a tu favor.

Recuerda que Dios ayudó a los Israelitas a vencer a sus enemigos en la Tierra Prometida. Por lo tanto, Él te ayudará a superar cualquier problema, enfermedad o adicción que te esté perjudicando. Como dice Deuteronomio 11:23 (NVI): "Entonces el Señor expulsará a todas estas naciones delante de ti, y tú desposeerás a naciones más grandes y más fuertes que tú". Una vez que tu corazón esté abierto y sanado, habrá espacio para que se llene con más de la bondad de Dios.

## Pídele a Dios que nos llene de su luz, amor y vida

> *"...llenándome de tu luz que expulsa todas las tinieblas y pone al descubierto lo oculto; de tu amor que echa fuera todo temor; con tu vida que todo lo renueva y todo restaura; y con tu sangre preciosa que todo lo redime en mi línea de tiempo".*

### Luz

Como dice Juan 1:4-5: "El Verbo dio vida a todo lo creado, y su vida alumbró a todos. La luz brilla en las tinieblas, y las tinieblas jamás podrán". Le pedimos a Dios que nos llene de su luz, le pedimos que saque a la luz cualquier cosa que haya en nuestro interior. Su luz pone al descubierto nuestros puntos ciegos, pecados y motivos ocultos para que podamos arrepentirnos y sanar. Su luz nos permite ver lo que antes no podíamos ver, los asuntos desconocidos. Cuando oro para que Su luz me llene, me lo imagino entrando en mi corazón y encendiendo la luz. Todo expuesto ante Él, sigo sintiendo Su misericordia, no Su juicio. Ahora las cosas ocultas no pueden permanecer ahí.

## Amor

Cuando el amor de Dios llena nuestras vidas, el miedo tiene que irse. Primera de Juan 4:18 (NVI) dice: "No hay temor en el amor. Pero el amor perfecto expulsa al temor, porque el temor tiene que ver con el castigo. El que teme no está hecho perfecto en el amor". Durante esta parte de la oración, hago una pausa para reconocer el profundo amor de Dios por mí. Visualizo Su amor llenando las imágenes, las memorias y las creencias tóxicas que durante mucho tiempo han estado influenciadas por el miedo; y al ver Su amor derramándose, veo que el miedo es lavado, haciéndome sentir seguro y protegido en Él.

Dios es amor, y el amor perfecto echa fuera el miedo. Así, cualquier memoria destructiva, sistema de creencias toxico o imagen negativa arraigada en él, desaparece y pierde su poder. En ausencia del temor, la fe se activa y deja de estar contaminada!

## La vida y su preciosa sangre

Juan 14:6 nos dice que Él es el camino, la verdad y la vida. Todo lo que respira está vivo gracias a Dios. Él es el autor de la vida. La Escritura lo llama el principio y el fin. Romanos 4:17 nos dice que Él es el Dios que da vida a los muertos y llama a las cosas que no son como si fueran. Tu estas vivo no porque todos sus órganos estén funcionando correctamente, sino porque Su aliento de vida todavía está en ti. La vida de Dios es lo que restaurará y hará nuevas todas las cosas en tu vida. Cuando estos asuntos conocidos y desconocidos son identificados, estas invitando a la vida de Dios a traer de vuelta la vida a los lugares donde la muerte ha tenido influencia. Recuerda que lo opuesto a la vida abundante que Él te ha dado es apenas sobrevivir y morir. Cuando Dios sana estas áreas en ti, El resucita las partes de tu cuerpo y alma que pensabas que estaban muertas desde hace mucho tiempo. La voluntad de Dios es que tengas vida abundante ahora y en la vida venidera (Juan 10:10), por eso envió a Jesús! Levítico 17:11 explica: "Porque la vida del cuerpo está en su sangre. Yo os he dado la sangre sobre el altar para purificaros, haciéndoos justos con el Señor". Cuando Jesús derramó su sangre en la cruz, te hizo justo con Dios. Su sangre redime todas las cosas y devuelve la vida a las cosas muertas, que es por lo que estarás orando en esta sección. Es la sangre de Jesús la que tiene el poder de redimir tu pasado y romper toda cadena. Es la sangre de Jesús la que te califica para recibir todas Sus promesas. Es Su sangre la que te justifica, y es Su sangre la que habla una palabra mejor sobre ti, una palabra mejor que las palabras que han estado robando, matando, y trayendo destrucción en varias áreas de tu vida. Áreas que también han sido compradas con la preciosa sangre de Jesús.

## Cree en más de lo que puedes imaginar

> *"También te pido que hagas infinitamente más de lo que te he pedido o incluso de lo que me he atrevido a imaginar en esta oración. Confío en Ti, Te amo y Te doy gracias por Tu poder que actúa en mí. En el Nombre de Jesús, amén".*

Servimos al Dios de lo imposible. Cuando ores esta oración, confía en que Él quiere hacer y hará más de lo que pides o te atreves a imaginar.

Como dice Efesios 3:20: "Ahora bien, toda la gloria sea para Dios, que es capaz, por su gran poder que actúa en nosotros, de realizar infinitamente más de lo que podamos pedir o pensar". Así que deja volar tu imaginación. No tengas miedo de tener grandes esperanzas. Sueña con lo que será ser una persona totalmente sana y completa. Si crees, Dios superará todas tus expectativas.

En la oración bíblica, encontrarás un espacio en blanco: rellénalo con aquello de lo que necesites sanidad, ya sea hipertensión, artritis, cáncer, problemas digestivos, infertilidad, problemas de abandono, pobreza, montañas rusas financieras, insomnio, desequilibrio hormonal, depresión, ansiedad, miedo, ira, heridas de la iglesia o cualquier cosa que no sea vida abundante. Ora esto lentamente y haz una pausa después de cada línea, creando el espacio para escuchar a

Dios y para que tú puedas ver lo que estás Orando. Presta atención a las imágenes y memorias que te vengan a la mente, especialmente a los inusuales. Como decía al principio del libro, muchas personas no hacen el trabajo del corazón porque es en este momento cuando empiezan a surgir las cosas dolorosas que hemos evitado. El problema es que no hay que evitarlas; hay que sanarlas para que pierdan su aguijón en tu vida. Así que sé valiente, estás en buenas manos: las manos del Espíritu Santo. Cuando surjan cosas, digamos una memoria dolorosa de la infancia, habla con Dios. Pregúntale dónde estaba Él cuando esto sucedió. Tal vez necesitas perdonar a alguien, y tal vez Dios quiere reescribir y redimir un momento o situación para ti. Ten esa conversación con tu Padre Celestial. Luego asegúrate de preguntarle lo que Él tiene que decirte o mostrarte acerca de esa imagen, memoria, o creencias erróneas que surgieron. Él siempre tiene una palabra para ti.

## Imposición de manos

A lo largo de las escrituras, Jesús imponía las manos sobre las personas cuando las bendecía y las sanaba (Mateo 9:18; Marcos 5:23; 6:5; 7:32; 8:22- 25; Lucas 13:13). Los apóstoles imponían las manos sobre los enfermos y éstos eran sanados. También imponían las manos sobre las personas para que recibieran el bautismo del Espíritu Santo. Vemos esto muchas veces a lo largo del Nuevo Testamento como una forma de sanar a los enfermos, echar fuera demonios, y hacer que la gente se llene del Espíritu Santo. La imposición de manos es simple; cuando oras y declaras las escrituras sobre las personas, colocas tus manos sobre ellas y el poder fluye. Somos un conducto del poder de Dios.

Así como el poder viene con nuestras palabras, también viene a través de nuestras manos. El poder del Espíritu Santo fluye a través de nuestras manos, como lo haría la electricidad si tocáramos un cable desnudo. Así que he aquí un pensamiento, por qué no imponer las manos sobre ti mismo cuando estás orando? Quiero desafiarte a que te impongas las manos estratégicamente mientras Oras la oración bíblica. Hay lugares clave en tu cuerpo por los que puedes alternar: el corazón, las sienes, la frente y la nuca. Toca estos lugares porque es donde se almacenan las memorias. Es donde está el lóbulo frontal. También es donde se toman las decisiones y donde se guardan los traumas. Así como pondría mi mano en el brazo de alguien porque ahí es donde se necesita sanidad, pondré mis manos en los distintos lugares de mi cabeza donde se almacenan las creencias, las memorias y las imágenes negativas, porque ese es el lugar donde necesito sanidad. Recuerda que estos son los centros por los que todo se ve afectado. Así que pon las manos sobre ti y lleva tu oración por ti mismo al siguiente nivel.

Sumerjámonos en la oración bíblica:

> *Espíritu Santo, Tú me conoces mejor de lo que yo me conozco a mí mismo, y te doy gracias por ello. Así que te pido que escudriñes mi corazón y encuentres todas las imágenes negativas conocidas y ocultas, creencias toxicas, memorias destructivas, y todos los problemas físicos relacionados con ________________ en mi cuerpo/vida. Te pido que los abras y los sanes llenándome con Tu luz que expulsa toda oscuridad y expone las cosas ocultas, con Tu amor que echa fuera todo temor, con Tu vida que hace nuevas todas las cosas y restaura todas las cosas, y con Tu preciosa sangre que redime todas las cosas en mi línea de tiempo. También te pido que hagas infinitamente más de lo que te he pedido o incluso de lo que me he atrevido a imaginar en esta oración. Confío en Ti. Te amo, y Te agradezco por Tu poder que está obrando en mí. En el nombre de Jesús, amén.*

## CAPÍTULO 9

# LA EVIDENCIA DE UN CORAZÓN SANADO

Entonces, tu haz estado orando, meditando y declarando diligentemente. Haz aplicado la oración bíblica del último capítulo a las áreas donde esperas ser sanado. Entonces, como sabrás cuando has sido sanado? Qué resultados puedes esperar al final de esta jornada?

Tanto si el origen de tu dolor es físico, como una enfermedad o el resultado de una lesión, como si es emocional, como el dolor por la pérdida de un ser querido o la traición de un amigo, la sanidad siempre está relacionada con *el shalom*, la paz, la presencia y el poder de Dios en acción.

A través de la meditación, haz puesto en práctica Filipenses 4:8: "Fijad vuestros pensamientos en lo que es verdadero, y honorable, y justo, y puro, y amable, y admirable". Puedes estar seguro de que se ha producido la sanidad cuando experimentes el siguiente versículo: "Entonces el Dios de la paz estará con vosotros".

Recuerda, la paz bíblica no es cualquier tipo de paz. Es plenitud de corazón, orden en medio del caos y un profundo sentido de que las cosas son como deben ser. Cuando seas sanado, sentirás tangiblemente la paz de Dios en el lugar donde la adicción, los pensamientos negativos y las memorias destructivas solían dominar tu vida.

Otra forma de decirlo es que el "aguijón" ha desaparecido. Primera de Corintios 15:55 dice: "Oh muerte, dónde está tu victoria? Oh muerte, dónde está tu aguijón?". Los lugares donde la muerte tenía un espacio en tu vida han sido sanados con la vida de Jesús.

No es como si tuvieras amnesia y de repente olvidas todo lo que te hizo daño, pero pierde su aguijón. Ya no te arruina el día. Ya no causa enfermedad en tu cuerpo. Ya no tiene un aguijón de veneno envenenando tu corazón o dictando tus pensamientos y las meditaciones de tu corazón.

El Salmo 19:14 dice: "Que las palabras de mi boca y la meditación de mi corazón te sean gratas, Señor, roca mía y redentor mío". Esta escritura se hace tan fácil cuando tú corazón es sanado. Antes de que tu corazón esté sano, este versículo puede parecer difícil de lograr y contundente, pero cuando tu corazón está sano y el aguijón se ha ido se vuelve sin esfuerzo. Esta es la diferencia entre las obras y el rendimiento y la gracia de Dios que nos da poder. Vigilar cada palabra y cada pensamiento erróneos y tratar de hacerlos agradables al Señor sin sanar tu corazón es como cortar la mala hierba. Pero cuando abordas la fuente de esos pensamientos y palabras amargas y te asocias con el Espíritu Santo para sanar desde la raíz, el fruto cambia, las palabras se vuelven más dulces y las meditaciones mejoran sin esfuerzo.

## La oración Bíblica en acción

El testimonio de mi esposa sobre la oración bíblica fue uno de los primeros y más poderosos que hemos experimentado de primera mano. Un día, se despertó y se sintió apagada y anormalmente cansada. Después de un par de meses así, fue al médico para hacerse un análisis de sangre completo. La Dra. Sarah la ayudó y empezó a tomar hormonas bio-idénticas. Alrededor de un año después, estaba lista para dejar todos los suplementos. Le pidió a Dios que sanara sus hormonas y comenzó a orar la oración bíblica para ver si tenía memorias destructivas o creencias impías que pudieran estar bloqueando su sanidad de este desequilibrio hormonal. Ella lo hacía día y noche y día y noche, y un día, una imagen destructiva vino a su mente. Las memorias eran de ella a los 6 meses de edad. Estaba en una cuna, llorando, llorando, llorando; y nadie la levantaba. El Espíritu Santo le trajo esa memoria para que ella pudiera sanarla. Esas memorias le hablaban "abandono" a su cuerpo. El Espíritu Santo le mostró una nueva imagen en la que concentrarse. Empezó a visualizar a Jesús entrando en su habitación, cogiéndola en brazos y consolándola.

Unos meses más tarde, mi esposa le preguntó a su madre de aquella memoria y ella le dijo: "Kara, fue cuando te pusiste muy, muy enferma y tuviste que quedarte en el hospital. Tu padre y yo estábamos divorciados y yo tenía que trabajar. Era madre soltera y tenía que trabajar mucho". Su madre estaba destrozada porque tenía que dejarla sola en el hospital todo el día y sólo podía venir a verla por la noche.

Escuchar esta historia por primera vez aclaró lo que el Espíritu Santo había sacado a relucir después de hacer la oración bíblica mañana y noche e imponerse las manos. Después de renovar su mente a la nueva imagen de Jesús recogiéndola, tomó cerca de cuatro meses, y sus hormonas fueron totalmente sanadas. Dejó todas las hormonas bio-idénticas. Hasta el día de hoy, unos años después, mi esposa está sanada y se siente muy bien.

En este caso, Kara ni siquiera sabía de estas memorias en su mente consciente, pero ciertamente estaban jugando un papel en su vida. Una vez que se asoció con el Espíritu Santo para tratar este desequilibrio hormonal, el Espíritu Santo la condujo a la raíz del problema. En este caso, se trataba de una memoria destructiva enterrada de la que ella ni siquiera estaba consciente. Esto era algo que sólo Dios podía saber. Una vez que fue abierto y tratado, este asunto desconocido perdió su aguijón, su influencia y su poder.

Muchas veces conocemos las memorias y son tan dolorosos que ni siquiera podemos pensar o hablar de ellas. Esto es señal de que no han sido sanados. Una herida abierta duele, no se puede tocar, corre el riesgo de infectarse y ocupa toda tu atención hasta que se cura. Una cicatriz es la prueba de que algo fue herido, pero ya fue sanado. Puedes tocar la cicatriz, no duele, no hay riesgo de infección y apenas piensas en ella. En última instancia, sabes que has sido sanado cuando recuerdas el dolor, pero éste ya no te duele.

Quiero añadir que no siempre tenemos que pasar por este proceso para recibir sanidad. Siempre oramos, tomamos autoridad en el nombre de Jesús, y ordenamos a nuestro cuerpo que sea sanado. Es cuando no vemos sanidad que lo hacemos más. Jesús ya pago por eso, así que voy a averiguar que está pasando aquí. Tenemos que recordar que Dios se preocupa por nuestra sanidad física tanto como se preocupa por la sanidad de nuestra mente, corazón y alma.

## Pon a prueba tus gatillos

Cuando llevas tu coche al mecánico porque hace un ruido raro, qué es lo primero que haces después de que lo reparen? Asegurarte de que el ruido desaparece. Del mismo modo, hay que poner a prueba nuestra sanidad. Digamos que luchas contra el insomnio. A medida que avanzas en el proceso de sanidad, es importante que te hagas preguntas como: "Estoy durmiendo mejor?". Si se trata de ira, cómo he reaccionado ante situaciones frustrantes? Si se trata de migrañas, he experimentado alivio de los dolores de cabeza?

Parece básico, pero muchas personas oran por sanidad y nunca se ponen a prueba para ver si realmente fueron sanados. Una de las formas más sencillas de saber si has sanado, es poner a prueba tus gatillos. Toma nota de las situaciones, palabras o personas que tenían tendencia a inflamar tu dolor en el pasado. A continuación, evalúa si sacan los mismos sentimientos o si notas un cambio en tus reacciones. Digo "sacan" porque ninguna situación puede "sacar" de ti algo que no esté ya "dentro" de ti. Si la botella de cátsup está vacía, no importa lo fuerte que la aprietes. No habrá cátsup. Lo que sale cuando lo aprietas te da una muy buena idea de qué y cuánto hay todavía dentro de ti. Nadie puede enfadarte si la ira no está ya presente. La gente no tiene problemas de ira; tiene problemas de paciencia. Muchas veces, tú no tienes que ir a cazar estos factores gatillo. Dios te los traerá directamente.

## El daño de líderes espirituales

Acabábamos de casarnos y empecé a dirigir la alabanza en esta iglesia próspera y asombrosa. Amábamos nuestra iglesia y a nuestros pastores, y yo planeaba quedarme allí por el resto de mi vida. Después de casi diez años de servir bajo estos pastores, tuvimos una experiencia que nos llevó a cuestionar nuestro futuro y todo lo que Dios tenía para nosotros y nuestra familia. Llegamos a la triste conclusión de que necesitábamos dejar nuestra iglesia para que el plan de Dios se cumpliera en nuestras vidas. La visión y los deseos que Dios nos había dado no iban a suceder si nos quedábamos allí. Esta fue una de las decisiones más difíciles que jamás había tomado.

No me gusta cambiar de iglesia. Creo en el poder de encontrar tu familia eclesial y plantar tu familia allí, construir algo juntos y cambiar generaciones con la familia de Dios. Cuando llegamos al punto de tener esta difícil conversación, nuestros líderes no se lo tomaron bien. Ansiábamos una bendición y una buena despedida de nuestros padres espirituales, y no la obtuvimos. Fue un acontecimiento sorprendentemente doloroso, lleno de confusión, angustia y dolor. Durante un tiempo, me dolía pensar en ellos. Cada vez que nos encontrábamos con ellos en eventos o conferencias, nos saludábamos torpemente y yo volvía a sentirme herido. Pero entonces, Kara y yo empezamos a aprender la importancia de sanar nuestros corazones. De hecho, es una de las claves de la longevidad, especialmente en el ministerio.

Aplicando Filipenses 4:8 a la situación, medité sobre cómo esos pastores bendijeron mi vida. Me dieron un espacio para usar mis dones en el ministerio y aprendimos mucho de ellos sobre finanzas, matrimonio, paternidad y fe. Recibimos tanto bien en esos diez años que les servimos. Mientras seguía meditando en sus características verdaderas y honorables, llevando cautivos los viejos pensamientos negativos y dolorosos sobre ellos y sobre esa situación, sentí la presencia de Dios; Su *shalom* vino sobre mí y esa sensación de sanidad comenzó a suceder dentro de mí en ese mismo momento en mi sala de estar. Sólo había estado haciendo esto durante 15 minutos, pero sabía que estaba sano de ese dolor. Me sentía más ligero. Sentía una mayor sensación de paz cuando pensaba en ellos, y tenía una nueva sensación de libertad.

Al cabo de una semana me topé con ellos en un restaurante. Mi reacción inicial fue caminar en otra dirección, pero en una fracción de segundo, el Espíritu Santo me recordó: “No, tú eres bueno, recuerdas?”. Yo estaba como “Correcto! Ahora soy bueno”.

Esta vez, sentí una oleada de amor por ellos y me dirigí hacia ellos para abrazarlos. Fue tan auténtico. No fue fingido, ni forzado. Les pregunté cómo estaban, y la pequeña charla me sorprendió rápidamente cuando, en medio de aquel restaurante, recordaron el incidente de años atrás. Esta vez ocurrió lo que menos esperaba. Ellos se disculparon humildemente y asumieron la responsabilidad de sus malas reacciones en aquel tiempo. Eso produjo una verdadera restauración, y nuestra conexión se restableció! Ahora, no me provocan nada. Todo lo contrario. Cada vez que los veo o pienso en ellos, me regocijo en el poder sanador de Dios! Mi corazón está sano de esa situación. Ya no me afecta. No hay más aguijón de ese tiempo. El enemigo perdió cuando yo fui sanado. Y el enemigo continuara perdiendo mientras tú te vuelves completo en las áreas rotas de tu vida.

Si no quieres esperar a que se produzca una situación desencadenante, puedes poner a prueba tus pensamientos. Imagínate a ti mismo encontrándote con las personas que te hicieron daño o en situaciones similares que suelen causar dolor o frustración. Qué sientes? Qué pensamientos te vienen a la cabeza? Cuando has sanado, no es difícil pensar cosas buenas sobre lo que solía hacerte daño. Has pasado la prueba del pensamiento si te vienen a la mente cosas verdaderas, honorables, correctas, puras, encantadoras y admirables.

## Examinar el fruto del Espíritu

La vida con Dios a menudo parece un juego de tira y afloja. En un momento te sientes conectado y completo, y al siguiente, luchas contra tentaciones y pensamientos debilitantes. El apóstol Pablo describe esto como una batalla entre nuestra voluntad propia y el Espíritu. Gálatas 5:17 (TPT) dice: "Las dos fuerzas incompatibles y en conflicto dentro de ti son tu vida propia de la carne y la vida de la nueva creación del Espíritu". Mientras has estado meditando y declarando la Palabra de Dios, has estado alimentando tu lado espiritual. Como resultado, estás en la vía rápida hacia la libertad! Has derribado, desarraigado, destruido y derrocado a los viejos habitantes de tu tierra, y ya no tienen poder sobre ti. El Espíritu Santo tiene más espacio para florecer en tu vida.

Gálatas 5:22-23 nos dice exactamente lo que podemos esperar: "El Espíritu Santo produce este tipo de fruto en nuestras vidas: amor, alegría, paz, paciencia, amabilidad, bondad, fidelidad, mansedumbre y autocontrol". *La Passion Translation se* refiere a este fruto como "amor divino en todas sus variadas expresiones" y que estas cualidades están "destinadas a ser ilimitadas".

Por lo tanto, una gran manera de evaluar dónde te encuentras en el proceso de sanidad es examinar el fruto del Espíritu en tu vida. Si estabas luchando contra la depresión, estás experimentando más alegría? Si estabas sanando de una relación dañada, hay más bondad en tu corazón hacia esa persona y hacia la gente en general?

Gálatas 6:8 (TPT) nos deja saber que esta es una expectativa razonable, confirmando que, "Si plantas las buenas semillas de una vida en el Espíritu, cosecharás hermosos frutos que crecen de la vida eterna del Espíritu". Cuando te tomas el tiempo para preparar la tierra de tu corazón a través de la oración y plantas buenas semillas meditando en las Escrituras, puedes esperar que crezcan cosas buenas. Así como las naranjas crecen de un naranjo, el fruto del Espíritu fluirá naturalmente de ti a través del poder de Dios. Es por eso que nos agotamos cuando tratamos de ser alegres, pacientes o amorosos en nuestra propia fuerza. Dios no nos diseñó para forzar estas virtudes. Están destinadas a fluir de nosotros cuando estamos enraizados en Dios. Sólo entonces podemos experimentar y dar a otros un suministro ilimitado y eterno del fruto del Espíritu.

Aquí es donde el versículo central de este libro cierra el círculo:

> *Hoy te nombro para que te enfrentes a naciones y reinos. A unos los desarraigarás y derribarás, destruirás y derrocarás. A otros los edificarás y plantarás* (Jeremías 1:10).

Has hecho el trabajo del corazón -quizás era sobre las finanzas, o las relaciones, o la diabetes, o la tensión alta, o la depresión- y ahora te sientes sanado, completo y libre en esa área. Estás empezando a notar cambios tangibles, grandes y pequeños avances, incluso las cosas a tu alrededor están cambiando (incluyendo algunas personas), e incluso estás empezando a atraer situaciones más saludables. Es muy importante que los notes y los celebres. Eres responsable de ser un buen mayordomo de tus encuentros con Dios y de tus victorias y testimonios. Recuerda que todo lo bueno viene de Dios (Santiago 1:17), así que dale gracias y alábalo por ello! Ahora está plantando en buena tierra y construyendo sobre cimientos fuertes. Puedes esperar que estas áreas de tu vida sigan creciendo y prosperando.

Jeremías 17:8 afirma que ustedes son "como árboles plantados a la orilla de un río, con raíces que se adentran en el agua. A estos árboles no les afecta ni el calor ni los largos meses de sequía. Sus hojas permanecen verdes y nunca dejan de dar fruto". Un corazón sanado puede permanecer fuerte en tiempos difíciles y seguir siendo fructífero en cualquier circunstancia. Ese es el futuro que te espera.

Dios tiene un gran plan y propósito para tu futuro. Cuanto más se cure tu corazón, más podrás cumplir libremente tu vocación divina en el Reino de Dios.

Es importante terminar con esta nota. La sanidad no es cosa de una sola vez. Debido a que interactuamos con personas quebrantadas y vivimos en un mundo quebrantado, tendremos que pasar por este proceso una y otra vez. Sin embargo, pasamos de gloria en gloria y nos volvemos más íntegros con cada problema que afrontamos. El viaje hacia un corazón sanado está marcado por una transformación continua que refleja la paz, la presencia y el poder de Dios. Cuando vivimos a este ritmo, podemos experimentar una sensación de plenitud y orden en medio del caos de la vida.

Mi esposa y yo hemos seguido experimentando esto a lo largo de los años. Cuanto más cultivamos nuestro corazón y lo mantenemos libre de amargura y basura, más dulce es el fruto que produce nuestra vida. Es este tipo de testimonio personal que me permite decir con confianza a cualquiera que esté dispuesto a hacer el trabajo del corazón, lo mejor está por venir!

## Resumen del capítulo

- La paz, *el shalom* de Dios, es un indicador de sanidad. Orden donde había caos, tranquilidad donde había enfermedad y sentir la presencia de Dios son indicadores de un cambio hacia la sanidad.
- Cuando las creencias tóxicas, las imágenes negativas o las memorias traumáticas se sanan, no significa que tendrás amnesia y de repente olvidaras lo que pasó, sino que pierden su aguijón, poder e influencia en tu vida. Ya no te causa dolor cuando piensas en ello. Pierde el control y el peso que tenía sobre ti, y las emociones que solían producir desaparecen o dejan de ser negativas. Es como si se hubiera neutralizado.
- Analizar los gatillos del pasado es crucial para evaluar el progreso de tu sanidad. Puedes hacerlo en persona o, si te resulta peligroso o imposible, puedes hacerlo en tu imaginación. Tu cerebro no nota la diferencia.
- Comprueba tus frutos! Cosechamos lo que plantamos, así que buscar evidencias del fruto del Espíritu o darte cuenta de qué el fruto del Espíritu falta, puede orientarte en la dirección en la que necesitas atención. Además, este proceso de reflexión puede ayudarte a identificar las áreas en las que todavía necesitas crecer y sanar.
- Jeremías 17:8 describe el corazón sanado como resistente y fructífero en toda circunstancia, arraigado en la verdad eterna de Dios.
- Magnificar las victorias crea un ambiente para obtener más de ellas. No importa cuán grandes o pequeñas sean las notificaciones, cuando magnificas lo que Dios está haciendo, obtendrás más de ellas.

## Activar: Comprueba los progresos y amplía las victorias

Darte cuenta del progreso de tu sanidad es sencillo, pero tienes que ser intencional. Podrías pensar: “Bueno, si he sanado, estoy sano, y me daré cuenta cuando me dé cuenta". Sí, pero podrías capitalizar tu progreso inicial y crear un efecto de bola de nieve. Lo que quiero decir con esto es que existe este principio que yo llamo "principio de magnificación". En lo que te concentras, obtienes más. El Salmo 34:3, el Salmo 69:30, y muchos versículos más, incluyendo a María en Lucas, mencionan magnificar al Señor. Dios ya es tan grande como siempre será y nunca se encogerá. Pero, a nuestro modo de ver, muchas veces lo encogemos en comparación con nuestros problemas. Cuando lo magnificamos, lo mantenemos como la fuerza más poderosa y más grande, haciendo que todo lo demás palidezca en comparación con la grandeza de nuestro Padre Celestial. Todo esto para mostrarte cuán poderoso es cuando magnificas lo que el Señor está haciendo en ti y cómo eso te prepara para obtener más de ello en todas las áreas de tu vida. Así que asegúrate de magnificar los pequeños y grandes avances que notes porque obtendrás más de ellos.

Llevar un diario es una práctica estupenda para reflexionar sobre el día y evaluar cómo has respondido a determinados gatillos. La honestidad brutal con uno mismo es la única forma de progresar eficazmente. No tiene sentido mentirse a uno mismo. Puedes hacer la oración bíblica por la mañana, pero si tienes un episodio de ira en el trabajo, tómate la pausa para comer en el coche y vete a orar. Dirígete específicamente a la paciencia. Puedes hacer esto en tan sólo cinco minutos, y es mucho más barato que la terapia o la fianza! A medida que leas tu diario, verás cómo progresa tu sanidad y tu corazón se llenará de adoración. A su vez, tu fe se fortalecerá porque puedes ver visiblemente cómo Dios te está dando poder para expulsar a los habitantes de tu tierra prometida que han sido astillas en tus ojos y espinas en tu costado durante demasiado tiempo.

## EPÍLOGO

# UNO DE MIS TESTIMONIOS SOBRENATURALES

Existe una realidad más verdadera que aquella a la que estás acostumbrado. Colosenses 3:3b (AMPC) nos dice que nuestra "[nueva, verdadera] vida está escondida con Cristo en Dios". Atrás ha quedado la vida en la que la superación personal y la comodidad son las principales búsquedas. Dicho esto, quiero encomendarte antes de que dejemos nuestro tiempo juntos. El propósito de llegar a ser sanado y completo es ser nuestro ser más productivo y eficiente para el trabajo que Efesios 2:10 describe: "Porque somos la obra maestra de Dios. Él nos ha creado de nuevo en Cristo Jesús, para que podamos hacer las cosas buenas que planeó para nosotros hace mucho tiempo".

Debemos ver nuestro proceso de sanidad como algo que beneficiará a los demás, no como una búsqueda egocéntrica. Nuestra mejor vida no es la del ensimismamiento. Es la de hacer discípulos, llevar a la gente a Jesús y conducirlos a la plenitud. Entonces, todos trabajaremos juntos en nuestro llamado como el cuerpo de Cristo. Al continuar sanando, le das a Jesús la recompensa por su sufrimiento. Isaías 53:5 dice: "Pero él fue traspasado por nuestra rebelión, aplastado por nuestros pecados. Él fue golpeado para que nosotros pudiéramos ser sanos. Fue azotado para que pudiéramos ser sanados". Cuando Jesús murió por nosotros, tomó nuestros pecados, vergüenza, enfermedad y dolor. Cada vez que alguien se beneficia de Su obra terminada en la cruz, Jesús recibe más de Su recompensa. Cuando somos sanados, podemos ayudar a otros a sanar y darle más gloria a Jesús!

Sólo puedo ser mejor esposo, padre, amigo, jefe, empleado, pastor y líder en la medida en que mi corazón esté sanado. Del mismo modo, lo mejor que puedes hacer por los que amas y de los que te rodeas es cultivar continuamente tu corazón como un jardín. Una vez sanado, mantente sano. Cuida tu corazón y busca frutos. (Para más información sobre esto, busca mi próximo libro sobre el fruto del Espíritu).

Hace poco tuve que reexaminar mi corazón cuando mi iglesia estaba buscando un edificio más grande. El local que habíamos alquilado ocho años se nos había quedado pequeño. Buscamos y buscamos, pero no encontramos nada. Oramos, creamos un fondo de construcción y reunimos lo suficiente para el pago inicial. Llegó un momento en que tuve que hacerme una pregunta sincera: "Podría ser yo el problema?". En este punto, había estado enseñando sobre el corazón durante muchos años, cultivando mi corazón para que se mantuviera sano y produjera buenos frutos. En un momento de desesperación, pensé: *"Sabes qué, no puede hacer daño comprobarlo. No quiero ser yo quien impida a nuestra iglesia todo lo que Dios tiene para nosotros, así que si hay algo en mí que nos impide recibir el próximo edificio, hagámoslo!"* Le pedí al Espíritu Santo que corrigiera cualquier imagen, memoria o creencia errónea relacionada con las finanzas, específicamente las finanzas en el ministerio. El me mostró un par de cosas esenciales. Primero, me recordó que éramos un dúo de Padre e hijo. Él quería que yo recordara que Sus recursos son mis recursos, así que siempre tenemos suficiente y estamos construyendo Su casa juntos. Dios quería asentar estos recordatorios en mi corazón antes de la siguiente temporada de nuestra vida familiar y ministerio.

En ese momento, tenía un árbol de cítricos en mi patio trasero que había luchado para producir fruta durante años. Donde vivimos, en Arizona, es un clima privilegiado para limones, naranjas y toronjas del tamaño de tu cabeza, pero nuestro arbolito hasta ese momento no lo sabía. Me frustró y consideré la posibilidad de arrancarlo durante siete años. Sin embargo, después de este tiempo con Dios, salí y vi que dos ramas nuevas habían surgido de la nada. Ni siquiera parecían simétricas con el resto del árbol y duplicaban su altura. Mientras me maravillaba, Dios me dijo: "Somos nosotros. Tú y yo estamos subiendo juntos, inesperada y extravagantemente".

Unos meses más tarde, mi familia y yo estábamos a punto de irnos de vacaciones a la playa. Ya habíamos pagado el alquiler de la casa de playa, los niños tenían trajes de baño nuevos y todo estaba listo. Me faltaba mucho descansar y relajarme, pero por primera vez no sentía paz acerca de ir de vacaciones. Entonces, el propietario de la casa de alquiler nos llamó para decirnos que unas cuantas sillas del patio habían quedado destrozadas por una pequeña tormenta unos días antes. En consecuencia, nos ofrecieron un reembolso completo. Lo vi como una salida de Dios para cancelar el viaje, y en vez nos pasamos la semana en la alberca de nuestra casa.

Lunes, martes y miércoles, no dejaba de preguntarle al Señor: "Por qué nos quedamos? Sé que Tú siempre nos libras del mal, y no necesito saber siempre la respuesta. Sin embargo, sí me gustaría saber si me equivoqué, o por qué no pudimos ir". Entonces, el jueves por la mañana recibí una llamada de un agente inmobiliario que no conocía. Preguntó: "Está interesado en comprar una iglesia?".

Esa tarde, mis líderes y yo fuimos a verla. Esta iglesia estaba a sólo tres kilómetros de nuestra ubicación actual, y el precio era increíble. Este agente inmobiliario tenía una larga lista de iglesias para llamar, pero me dijo que decidió empezar a llamar desde el final de la lista alfabetizada. Así, Vida Church fue una de las primeras contendientes. Esa tarde, nuestros líderes estuvieron de acuerdo en que era una oportunidad fantástica. Presentamos una carta de intención el viernes, y nuestra oferta fue elegida entre otras dos ofertas de precio completo que habían llegado antes que nosotros, una de ellas en efectivo. No teníamos efectivo y necesitábamos financiamiento del propietario, pero nos dijeron que sí a pesar de nuestras grandes peticiones.

Si hubiéramos estado de vacaciones, nos hubiéramos perdido la oportunidad. No sé hasta qué punto el cultivo de mi corazón unos meses antes tuvo que ver con esta puerta abierta, pero sé que influyó. No puedo negar el hecho de que este edificio milagroso llegó a nosotros sólo unos meses después de que me dirigiera a mi corazón en esta área, incluso cuando pensaba que mi corazón estaba bien en esa área.

La lección es la siguiente: sigue trabajando con el corazón. Recuerda, todos los asuntos de la vida fluyen de tu corazón, los malos y buenos. Así que antes de intentar nuevas dietas, nuevos presupuestos, nueva iglesia, nueva ciudad, nuevos métodos para cualquier asunto, dirígete a tu corazón. Antes de pensar que no estás capacitado, que necesitas orar más, ayunar más, servir más, hacer más para que las promesas de Dios se manifiesten, pregúntale al Espíritu Santo: "Qué creencia toxica en mí está impidiendo que la Palabra de Dios se manifieste en mi vida?". Aplica los principios de este libro una y otra vez. Ora, medita y declara la Palabra de Dios. Tu avance está a la vuelta de la esquina!

Lector, oro para que *Sanidad Radical* te sirva como una herramienta que te ayude a ser sano y completo por el bien del llamado que Dios te ha dado. Oro para que esta sencilla y profunda revelación te lleve a experimentar grandes avances con Dios. Que lo conozcas como un Padre que quiere vivir la vida contigo. Oro para que muchos escuchen tus testimonios de sanidad y que muchos más prueben el fruto que tu vida produce como resultado. Oro por la sanidad de tu corazón y por un viaje sobrenaturalmente rápido. No tienen que ser 40 años; algunas heridas pueden sanar en 21 días o 15 minutos.

Te animo a que hagas tu oración bíblica con entendimiento y enseñes a otros a hacerlo también. Gracias por compartir esta jornada conmigo.

Tu amigo, Ben Díaz

# ACERCA DE BEN DÍAZ

Ben Díaz y su esposa, Kara, son los pastores fundadores de la Iglesia Vida Church en Mesa, AZ. Ben comenzó a dirigir el culto a la edad de 15 años en la iglesia de sus padres en la Ciudad de México, donde nació y residió hasta que se convirtió en misionero a los 18 años. Luego viajó a través de los EE.UU., México, América Central y del Sur, dirigiendo la alabanza, la traducción, y la dirección de Cruzadas de Milagros. Ben y Kara fundaron Heaven on Earth Homes, un orfanato en Kenia. Tienen cinco hijos propios y 32 niños adoptados en África hasta la fecha.

# EN LAS MANOS ADECUADAS, ESTE LIBRO CAMBIARÁ VIDAS!

*La mayoría de las personas que necesitan este mensaje no estarán buscando este libro. Para cambiar sus vidas, tienes que poner un ejemplar de este libro en sus manos.*

*Nuestro ministerio busca constantemente métodos para encontrar a las personas que necesitan este mensaje ungido para cambiar sus vidas. Nos ayudarías a llegar a estas personas?*

*Amplía este ministerio sembrando tres, cinco, diez o incluso más libros hoy y cambia la vida de las personas para mejor! Tu generosidad será parte de catalizar el Gran Despertar que muchos han estado profetizando y orando.*